张伯苓,教育家;南开大学创始人兼校长;教育机构之缔造者,新民之造育者,全国景仰,举世推尊;一个热诚奉献之人,近五十年间以不可挫败的信念与毫不动摇的忠诚,教育中国青年,实现中国革新;国家自信的象征。余兹欣然授予你本校文学名誉博士学位,并授予你与之相关的一切权利与荣誉。

——引自1946年6月4日哥伦比亚大学代理校长弗兰克·D·费肯藻授予张伯苓文学名誉博士学位时宣读之颂词

U0362435

1946 年 6 月,获美国哥伦比亚大学名誉博士学位的张伯苓

1946 年,张伯苓赴美治病期间与胞弟张彭春合影

　　1946 年 4 月，旅美南开校友为庆祝张伯苓七十寿辰举行晚宴，出席者有张彭春、严仁颖、陈省身、陈序经、老舍等

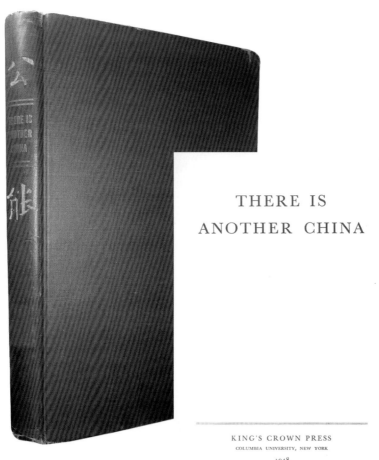

THERE IS
ANOTHER CHINA

KING'S CROWN PRESS
COLUMBIA UNIVERSITY, NEW YORK
1948

《别有中华》原版内封及扉页

《别有中华》原版插图( 1946 年,张伯苓在华美协进社 )

# 公能的中國

中美兩國著名學者爲
伯苓先生編紀念集

司徒雷登撰序言　胡適博士作傳
康特立夫教授介紹南開經濟研究所

「伯苓校長在勝利後的一九四六年一月，曾寫爲學者胡適博士，廣特立夫教授，司徒雷登校長等人均撰述美出版書名，名爲"There Is Another China"，內容計以本書介紹司徒雷登撰之序言，胡適博士作伯苓傳，和華中協和大學校長葛倫氏之中國科學與教育概況，湖南省生鑑珍等夫人大任體醫藥，南開大學校經研究所。

在「別有中國」一向外的「學而優則仕」的傳統下，伯苓「學而優則不仕」自抱定公正無私，勇往直前，以致此中國宣揚，美國，冷年的科學家都京教授之民……

美知書名學者胡適博士，廣特立夫教授，司徒雷登校長等人均撰述……

不折，不上，不撓中國的大官老爺，五十將百一生之執其於本官，大道執謹……

這本書極值得介紹的，因爲這本書是由中美兩國人士所作，富有價值的著作。這部集他進之特作者對伯苓……

决算，富戴世界的升官圖……一個「公」，一個「私」，鬥争之烈……

"Public-Spirited & proficient"。……

——12——

1948 年《南开校友》( 胜利复刊 ) 第 2 卷第 3 期刊载《别有中华》原版新书信息

读《别有中华》感赋
——兼祝南开大学百年校庆

七十年前遗华章，
西人另眼看东方。
用郎年少多慧眼，
敢教旧文绽新光。
书名会萃标格在，
《别有中华》别有香。
诞降嘉辰百年日，
公健悠悠更朝阳。

梁吉生写于南开大学
西南村闲未得斋
2018年10月28日

南开校史研究专家梁吉生教授为本书题词

南开大学校史丛书

总主编　刘景泉

# THERE IS ANOTHER CHINA

## ESSAYS AND ARTICLES FOR CHANG POLING OF NANKAI

# 别有中华

## 张伯苓七十寿诞纪念文集

〔美〕司徒雷登　　胡适　等著

张昊苏　　陈熹　等译

南闻大學 出版社

天　津

图书在版编目（CIP）数据

别有中华：张伯苓七十寿诞纪念文集／（美）司徒
雷登等著；张昊苏等译. —天津：南开大学出版社，
2019.4（2020.10 重印）
（南开大学校史丛书）
ISBN 978-7-310-05757-3

Ⅰ.①别… Ⅱ.①司… ②张… Ⅲ.①张伯苓
（1876－1951）－纪念文集 Ⅳ.①K825.46－53

中国版本图书馆 CIP 数据核字（2019）第 003089 号

## 版权所有　　侵权必究

别有中华 ：张伯苓七十寿诞纪念文集
BIE YOU ZHONGHUA：
ZHANG BOLING QISHI SHOUDAN JINIAN WENJI

———————————————————————

南开大学出版社出版发行
出版人：陈　敬
地址：天津市南开区卫津路 94 号　　邮政编码：300071
营销部电话：(022)23508339　营销部传真：(022)23508542
http://www.nkup.com.cn

———————————————————————

天津丰富彩艺印刷有限公司印刷　全国各地新华书店经销
2019 年 4 月第 1 版　　2020 年 10 月第 2 次印刷
210×148 毫米　32 开本　10 印张　8 插页　180 千字
定价：78.00 元

———————————————————————

如遇图书印装质量问题，请与本社营销部联系调换，电话：(022)23508339

# 出版说明

　　本书系 1948 年美国纽约哥伦比亚大学出版社副牌王冠出版社（King's Crown Press, Columbia University, New York）*There Is Another China：Essays and Articles for Chang Poling of Nankai* 的译作，由南开大学青年校友合译完成。

　　1946 年，适逢南开大学创校校长张伯苓七十寿辰。是年 3 月，张伯苓赴美，受到美国各界知名人士、旅美南开校友、在美中国名流等的热烈欢迎。在中美两国学界的共同推动下，一本为庆祝张伯苓先生七十寿辰而编的文集于 1948 年在美国正式出版，书中汇集了十三位作者的十二篇文章。这十三位作者，除胡适外，均为当时美国著名的研究东亚和中国问题（包括政治、经济、教育、哲学、外交、历史、法律、农业、医学等方面）的学者，如曾任燕京大学校长的司徒雷登、北京协和医学院代理校长顾临、曾于清华大学任教的霍尔康柏以及中国湖南湘雅医学院的创始人胡美等人。

　　文集通过论述张伯苓这一杰出中国人物及其所处时代各领域的变化，以新的视角向读者展示了近现代中国社会的面貌。书中介绍了著名教育家张伯苓及其所创办的南开系列学校的成绩，颂扬了张伯苓的人格及南开教育事业的国际声誉与深远意义，同时，综述了近现代中国的政治演进、经济转变、哲学更替、医学发展等诸多方面的情况。

　　这个译本是该书首次以中文面世，为完整呈现原书内容，对原书的全部文章予以保留，在行文上除明显错讹外，均遵从原作风格，不予更动。由于作者写作年代、认知立场的局限，书中某些观点存在不尽客观甚至谬误之处。对于此类问题，本次出版时均已做了规范化处理，以括注编辑按语或脚注译者按语的形式加以说明，敬希读者明辨。

　　本书特由南开大学原校长龚克教授作序，张伯苓先生嫡孙、全国政协原常委张元龙先生作跋。书后附译英文书评等文献资料，以使读者更好地了解这部文集的出版背景和价值。本书作为"南开校史丛书"之一，亦是南开大学百年校庆献礼之作。在此谨祝南开公能教育日新月异，事业长青。

南开大学出版社

**2019 年 3 月**

# 译者说明

一、本书英文名为 *There Is Another China*，此前研究者均直译为"另一个中国"。倘若将此英文书名用地道的汉语译出来，应该是"另有一个中国"。"another"意为"与此不同的"。考虑到"别有"亦为汉语常见表述，此次译者以"别有中华"为中文书名，在翻译上未减准确而表达上更得雅意，盖胜于旧译。

二、本书为纪念论文集，成于众手，风格自异。此次翻译由八名译者合作完成，亦各具特色，不强为统一风格。且书中文章作于 20 世纪 40 年代，当时英文写作风格及标准与今日已相异殊甚，直译为现代汉语更常有扞格难解之处。对此，译者在翻译时都做了适当的处理，如句子负荷过长，则在尽量留存原文意思和逻辑的前提下，适当拆改为较短的句子。

三、本书首篇司徒雷登所作《序言》，以介于文白之间的

"新民体"翻译。其英文标题"Introduction"旧译均为"序言"，实际在本书中兼有"导言"之意，足见此序言本身的意图、内容、长短都与我国传统的序赞一类文章相近。所以译者尝试以"新民体"翻译本文，既符合作者所处时代的一般文体风格，也便于衬托补足文章的语势。本文有前人译本，此次易体重译，也同时改正了旧译中一些理解上的错误。

四、本书第二篇胡适所作张伯苓传记，早年曾有多种译本，但意译较多，且有疏舛。故此次亦加以重译，期能后出转精。题目 *Chang Poling: Educator* 旧有《教育家张伯苓》及《张伯苓传》两种译法，考虑到今日汉译一般习惯保留题目的主副标题形式，此次改译为《张伯苓：一代师表》。

五、本书作者及篇目中涉及的外国人名，多为近现代历史中的知名人物。凡有中文名，或有公认之译名的，译者一仍其旧；在汉语学界译名不一或不知名的，译者按照常见英文名汉译进行翻译，也酌标多种译法，以便读者查阅。

六、本书原版针对英语世界读者，故常引用西方经典、时贤名言、谚语等。且为便于西方读者阅读，对中国经典、史实往往撮述大意，乃至有含混、错漏之处，译者尽量做了考证与注释。本书系七十年前外国学者的研究著作，其中见解有不尽恰当之处，译者遵照编辑意见，对部分词句做了斟酌处理，并以译者注的方式提示阅读。

七、附录有原版书评七篇，其中有的在一篇书评中介绍多部著作，译者仅翻译其中涉及本书的评论。

八、附录中的作者简介，乃参酌原版作者介绍而稍加补充。考虑到张彭春先生对本书原版的特别贡献，又特附张彭春小传一篇，系张伯苓研究会特别约稿。

九、本书译者学养有限，虽竭力为之，译文、注释难免有所疏漏，恳请读者不吝赐教。

# 原版出版说明

陈熹　译

　　本书系纂集私人所作颂词，以纪念一位非凡人物七十之寿。斯人之人格，已深印于关键之两代人心中，为两代关键人物所景仰，而于斯人之纪念，尤能在其同胞为世所忘时，长青永富。其同胞有近日愈著名于天下者，或将为世所忘，而于伯苓之纪念，将长青永在，富有意义。

　　张伯苓之非凡特出，非独为其人横跨清季之乱世与今日之迷局。西人多能忆及"老佛爷"，忆及光绪之失意岁月，忆及义和团之拳民。张伯苓于青年间威望卓著，彼青年入则求学于南开，出则建造中国之新命，而此种威望显系出于张伯苓之人格魅力，与夫一种确信：新中国于旧中国，必坚实造于其上，而不能造于其旁——后者犹屋后增建一摩登宇栋，糜弃旧家而徙居焉。

　　如前所述，是书之太半出自纪念南开张伯苓七十寿辰之文。作者皆系张博士之美国友人，与之相识于中国，而值其与无知蒙昧苦斗之时。近日所出关于中国书籍，或有更为端肃者，或有更切时事者，是书所望，乃在此类之外，别具一幅中国写真，俾自有其合理角度。是书所收，鲜有及于政治争斗者，盖有意忽略，以吾人坚信，日月之弥长，教育家之影响亦将愈显恒永。书中固互有径庭之处，由其摹写张博士之行状侧重不同，是吾人所知；然则此亦叙事之一端，罔能避免焉。中国人中有如张伯苓者，已为"别有中华"之明证，故标题于此未特强调。夫张氏一生之行迹，早已超逸政治之外，所奉献者，非为富贵也，非为声名也，非为一己之安危也。

　　至于言利，凡此冒昧之编所营积者，皆将献予张伯苓博士，以重建其残毁之学校。

# 目　录

# 一个人、一所学校和一个国家
## ——推荐一本有意思的书（代序）

龚克

这是一本新译的旧书，原书于 1948 年在美国出版。整整七十年过去了，为什么要重新翻译、重新出版这样一本旧书呢？这本重译的旧书有什么意思呢？我想，不同的读者可能会发掘此书不同的"意思"，因为此书的"意思"的确是多方面的。作为此书的读者之一，或许还是这部新译旧作较早的读者之一，我想简略地谈谈我读出的一些"意思"，以抛砖引玉。

第一，这本书的作者们很有意思。这是由十三位作者的文章结成的一本文集，正如原书扉页所载，这是"献给南开的张伯苓先生的文集"。有意思的是，这十三位作者中，除胡适先生外，均是外国人，均是当时美国著名的关于东亚和中国问题（包括政治、经济、教育、哲学、外交、历史、法律、农业、医学等方面）的学者。其中，有三位在中国做过大学校长〔北京大学校长胡适、燕京大学校长司徒雷登（John

Leighton Stuart）、北京协和医学院代理校长顾临（Roger S. Greene）〕，有好几位曾在中国任教、任职，比如霍尔康柏（Arthur N. Holcombe），他是约翰·肯尼迪总统和亨利·基辛格博士等众多美国重要政治人物的"师父"，还曾帮助蒋介石制定中华民国宪法，在第二次世界大战前曾任教清华并访问南开。又如胡美（Edward H. Hume），他是湘雅医学院的创始人，曾任湘雅医学院的教务长和湘雅医院的院长。再如恒慕义（Arthur W. Hummel），他曾在燕京大学任教，是赫赫有名的中国史专家，还是后来在中国改革开放之初担任美国驻华大使的恒安石（Arthur W. Hummel Jr）先生的老爸。然而，有意思的是，与一般的纪念文章作者不同，他们都不是南开的学生、教师或其亲属，甚至与张伯苓本人并无深交，他们为什么愿意为纪念张伯苓七十寿诞撰文呢？这分明是在告诉人们，张伯苓和南开在那时就已经有了相当的国际影响，以致在各领域的外国学者心目中，这个人和这所学校是代表着"另一个中国"，即一个进步的中国。曾长期在华任职的盖乐（Esson M. Gale）先生在他的书评（见《远东季刊》1949 年 5 月号）中指出："一个人的品质能够唤起另一个世界里十数知识分子的致敬，这可以看作是对他所来自的民族的真诚敬意。"此言委实不虚！

第二，这本书的译者们也很有意思。他们是一群年轻的南开学子，在 2009 年至 2012 年先后进入南开大学学习，是新世纪的南开人。然而，有意思的是，他们并非中国近代史和张伯苓及南开校史的专业研究者，他们有的学习历史学，有的学习文学，有的学习哲学，有的学习外语，还有的学习环境科学与工程。如今，他们大多还在国内外的大学（比如中国的南开、北大、人大和美国的哥伦比亚大学等）里深造，也有的已经做了软件工程师、媒体编辑和联合国的雇员。他们为什么要重新翻译这本七十年前的旧书呢？我想，因为他们都是"爱南开的"，他们虽然大多已经毕业离校，但始终关注南开的发展。我与陈熹（翻译工作的召集人之一）就是通过他对于学校某项工作提出质疑和批评而认识的。当他们注意到，这本文集体现了张伯苓和南开当年对西方的影响及在这种影响下的"美国学界的中国观"，他们便聚集起来，自发进行《别有中华》的编译与研究工作，希望以此促进近代教育史与南开校史的研究，并为即将到来的南开百年校庆献礼。这是一项艰苦的工作，他们利用业余时间翻译，在翻译过程中查阅了大量的文献资料。比如，对于原英文引用的中国典籍，他们都核查了相应的中文文献；又如，他们下功夫对各位久已故去的作者给出了远比原著所给的简介要详细得多的介绍，这些对于作者的更多的介绍，将对读者更好地理解其作品有很大助益；再如，译者给出了许多有价值的译注，这是译者研究考证的结果，使他们的工作大大超出了单纯的"翻译"。功夫不负有心人，他们的努力成就了这个高水平的译本。

这个译本的文字也很有意思，比如毕业于环境科学与工程学院并仍在环境方面深造的译者陈熹，竟用 20 世纪初流行的文体，翻译了司徒雷登先生为文集所写的序言，我想译者是希望给读者一种"时代感"，可谓用心良苦。新译本代前言《〈别有中华:张伯苓七十寿诞纪念文集〉的编纂过程及学术意义》，是一篇内容充实且有深度的好文章，虽出自"非著名"的年轻学者，却堪与那十三位"著名"学者的文章同列于书中，显示着南开后学的功力。

第三，最后也是最重要的是，这本书的内容特别有意思。"这本引人注目的有趣文集，可能是西方世界第一本即将出版的、用于致意一位中国学者的著作。"（见附录原版书评一）然而，文集中的文章，除胡适先生专讲张伯苓与南开之外，多将重点放在了 1895—1945 年间近代中国的政府沿革、经济发展及经济学研究、国际关系、科学教育、农业和医学发展、哲学和文化等各个方面的状况。可以毫不夸张地说，作者们在各自的文章中，从专业的和世界的视角，对于 20 世纪上半叶的中国在上述各方面的发展，做出了很有价值的简明叙述和精辟概括。其中不乏很有见地且长期不为人所关注的观点。比如，胡适的《张伯苓：一代师表》一文，寥寥数千言，不仅是关于张伯苓的很好的传记，也是一部简明的南开办学史。胡适作为教育哲学家，深刻指出"承认科学和体育在教育上的地位，在师生的共同学习和娱乐中建立自由而民主平等的往来，在当时都是颇不寻常的举动。正是这些，标志着年轻的教师张伯苓，乃中国教育新哲学的创立者之一"。又如，费纳克在《近五十年的历史》中指出"1931 年在东北打响的第二次世界大战，以 1945 年 9 月 2 日日本签下降书而告终"，不仅阐述了中国十四年抗战的观点，而且将其作为第二次世界大战的始终。此外，关于苏俄宪法对于中华民国宪法的影响，关于中国在第二次世界大战后国际地位的变化及其原因，关于日本对于中国科学教育的初始影响，关于中国农业的特色及其对世界的贡献，关于中国历史人物崔述及其现代影响，关于中医与西医，关于中西方哲学，等等，都有不少独到之见。然而，耐人寻味的是，这些广泛的内容，大大超出了张伯苓先生本人之所言所行，作者是如何将它们与"南开的张伯苓"联系起来的呢？

　　这本书的原版书脊，给出了一个重要提示。这本由外国出版社出版的原著，全书没有一个汉字，连张伯苓的名字也未给出汉字。然而，在原版的书脊上，在书名 *There Is Another China* 的上下方，各印有一个汉字，一为"公"字，一为"能"字。"公能"二字，正是南开教育的核心理念，张伯苓校长称"公能"二字为南开一切教育训练活动的依归，"目的在培养学生爱国爱群之公德，与夫服务社会之能力"。张伯苓校长说："我办教育是本着'公能'二字为目标（这是南开校训），这二字非常简单，含义也明确。'公'即是教人要为国民谋利，为国家做事，而不要只贪图私利；'能'即是要训练人的智力与技能，使每人能有现代技能，建立强盛国家。"他要求"南开学生均知秉'公能'之训，奋发前进，以创新中国"。张伯苓之所以在中国和世界都被敬重，不是因为他做了多大的官，更不是因为他发了多大的财，而是因为他为这个积贫积弱的国家创办了一所"不服气"、要"争气"的学校，是因为他在这所学校里开创了"公能"教育，培养出如周恩来那样影响了中国和世界历史的人物，为中国的独立和发展做出了不可磨灭的贡献。张伯苓先生的"公能"教育，就是知行合一的爱国教育。在本书中，凡直接讲到张先生的，无不谈其爱国精神。比如，胡适笔下的张伯苓，是爱国者与教育家的完美结合。胡适从张伯苓"从事教育之救国志愿"的初心，到"华北的学生爱国运动却大多是由南开学生领头"，且"正因为这种爱国的领导地位，南开学校和大学部在 1935 年 7 月 29、30 日两天，被日军有计划地摧毁"，再到其爱子殉国时张先生云"吾早以此子许国，可无遗憾了"，并以先生在抗战即将胜利时对于南开发展乃至中华振兴之憧憬作为传记的结束，一个伟大爱国者之形象跃然纸上！

在 1935 年南开大学的开学典礼（时称"始业式"）上，张伯苓校长向南开学生提出了振聋发聩的三个问题："你是中国人吗？你爱中国吗？你愿意中国好吗？"张伯苓校长的"爱国三问"，始终在南开回响，震动启发着一代又一代的南开学子乃至一代又一代的中华儿女。在同一篇讲话里，张校长还要求南开学子每天要自问三遍："我真爱国吗？我自己对公家有好处吗？我自己对公家有害处吗？"这是南开版的"吾日三省吾身"，这是要求学子用自己的实际言行举止来回答那爱国三问，这是要求学子将个人修养和国家振兴结合起来。这也是张伯苓校长既从大处着眼、又从小处着手的教育风格的体现：一个人不仅要有"公"心爱国忧国，而且要有"能"力救国建国。

正是"公能"二字，将一个人（张伯苓）、一所学校（南开）和一个国家（中国）紧紧地联系在一起了。"公能"精神，是张先生的精神，是南开的精神，也是中国的精神。

我想，本书的作者们正是看到了张伯苓及其创办的南开，是在创造着"Another China"，即一个摆脱了"愚、弱、贫、散、私"的独立民主富强文明的全新面貌的中国。为此，他们将这本"献给南开的张伯苓先生"的书，冠名为 *There Is Another China*，并郑重地在书脊上印上"公能"二字。这是多么有深意呀！

写于 2018 年中秋节

（本文作者系南开大学原校长，现任南开大学学术委员会主任、世界工程组织联合会主席。）

# 《别有中华：张伯苓七十寿诞纪念文集》的编纂过程及学术意义（代前言）[①]

张昊苏　　陈熹

　　作为近代教育史上的重要人物，南开大学创校校长张伯苓的生平活动与教育思想已得到相当程度的整理与研究，而张伯苓本人及南开系列学校所受的美国影响也已逐渐进入教育史研究者的视野。但较少人注意的是，张伯苓在接受美国影响的同时，其三次美国之行对西方世界也产生了相当的影响，且其影响及于而并不仅限于美国学界的中国观。其中，为祝贺张伯苓七十寿诞而出版的文集 *There Is Another China：Essays and Articles for Chang Poling of Nankai*（《别有中华：张伯苓七十寿诞纪念文集》，下简称《别有中华》）既是张伯苓对美影响的重要体现，又记录近现代中国文化影响西方的特殊一页。

---

　　① 本文初刊于《南开人学报》2017 年 10 月 15 日第 3 版。收入本书时稍有修订。

一

抗战刚刚结束的 1946 年，适逢张伯苓七十大寿。该年 3 月，张伯苓赴美治病，受赠哥伦比亚大学名誉博士学位，并得到美国各界名流、旅美南开校友、在美中国名流等的热烈欢迎。1948 年，在中美学界名流的推动支持下，纪念文集《别有中华》正式出版，汇集十三位学者的十二篇文章。除胡适外，其余作者均为对中国、对南开大学有相当了解的美国教授，这堪称张伯苓生平最令人注目的一次涉外活动，同时也是中美文化交流史上一件值得深入关注的学术事件。

张伯苓自抗战时即有前列腺症，时常便血，欲求根本治疗，计划赴美国医治。1946 年 3 月 18 日，张伯苓自沪赴美，11 月 15 日自美回国。张伯苓在美期间度过了七十大寿，除旅美南开校友云集祝贺外，美国学人对张伯苓亦多致意。也正是在这样的背景下，张伯苓受赠美国哥伦比亚大学名誉文学博士学位。及其甫一离美，加州大学伯克利分校名誉学位委员会亦决意授予张伯苓名誉法学博士学位，惜伯苓未克再度赴美受赠。张伯苓在美期间，亦致力于获取美国资金援助，为南开复校提供支持，纪念文集的编纂，盖亦与其争取此援助有密切关系。①

---

① 张伯苓国外募款计划，可参见《南开大学复兴筹备会议（四则）》，载《南开大学校史资料选（1919—1949）》，南开大学出版社，第 91 页。

　　据现有资料可知，编纂纪念文集的主事者为张彭春，他至晚于 1945 年 12 月组建了编辑小组，邀请肖特威尔（James T. Shotwell）、胡美（Edward H. Hume）、孟治为编辑小组成员。胡美在 1945 年 12 月底邀请顾临参与撰稿。1946 年 3 月，张彭春在纽约与肖特威尔、克伯屈（William Heard Kilpatric）、胡适再度讨论文集编纂问题。至晚在 4 月，康德利夫加入撰稿者行列，并随后完成为自己的文稿，这一完稿和发表的过程与胡适撰写评传大体同步，《中国杂志》亦对此做了专题的介绍。这一时期编辑小组或许亦约请不少学者撰稿，应包括国内《教育通讯月刊》提及的杜威、孟禄（Paul Monroe）、司徒雷登，美国《中国杂志》所刊的广告提及的肖特威尔、霍尔康柏等。纪念文集的书名初拟为《五十年之新中国》。所谓"五十年"，即指 1895—1945 年。这一时段除具有"凑整"的意义外，还代表甲午战争至抗日战争这五十年来中国走向现代化的过程。值得注意的是，1928 年的《南开大学发展方案》中也明确指出"南开之创办与中国之革新，同以甲午之败为动机"，因此"南开之演化，实吾国革新运动历史之缩影"。我们推测，或因张伯苓寿诞已过，而供稿、出版方面仍存困难，因此纪念文集的出版时间不断拖延，直至 1948 年才得以刊行。然而到 1948 年，"五十年"之所指已嫌不够切实，因此书名也调整为《别有中华》。

# 二

《别有中华》收录文章十二篇，其篇目、作者及内容基本情况如下：

1.《序言》 作者：司徒雷登

2.《张伯苓：一代师表》 作者：胡适

3.《近五十年的历史》 作者：费纳克

4.《中华民国之演进》 作者：霍尔康柏

5.《国际关系》 作者：昆西·赖特

6.《南开经济研究所》 作者：康德利夫

7.《转型中的经济》 作者：约翰·奥尔查德、多萝西·奥尔查德

8.《科学教育诸方面》 作者：顾临

9.《对西方农业的贡献》 作者：卜凯

10.《医学今昔》 作者：胡美

11.《一位学者的肖像》 作者：恒慕义

12.《新旧道德哲学》 作者：霍金

纪念文集的作者多为东亚问题专家或社会活动家，在美国享有崇高学术声誉与话语权，与中国社会各界特别是张伯苓、南开学校亦多有较密切的往来。亦即，撰稿人皆为对中、美两方面均能产生重要影响的学界精英。以十三位知名专家共同为张伯苓撰写纪念文集，其象征意义可以想知。正如包

华德所指出的那样："纪念集指出这样一个事实：在混乱的政治军事事件后面，还存在着另一个中国，富于人情而趋向进步，那才是活生生的重要事实。"①张伯苓的道德事业与南开学校的艰苦奋斗，正是"另一个中国"的最好代表。换句话说，诸撰稿作者也正是以全面介绍"另一个中国"的方式，致敬张伯苓的生平与功业。当时，张伯苓虽已有政府职位，然而美国人对张伯苓的关注与敬意仍集中于其教育事业，虽然间或与张伯苓论及国内、国际之政局大势，但很少在正式场合提及其政治活动。如肖特威尔致费肯藻（Frank M. Fackenthal）信中，即认为张伯苓乃作为"杰出的中国非官方人士"而在"教育界或非政治界"②具有最高地位，故应有受赠荣誉博士之资格，而哥伦比亚大学的学位授予颂词亦仅言其教育家身份。

　　纪念文集对张伯苓及南开学校的介绍，首先是对张伯苓本人的推崇。其中胡适所作的《张伯苓：一代师表》一文，如前文所述较早即被译成中文。这篇文章因成文时代早而含有不少独有资料，至今已经成为研究张伯苓、严修以及南开学校的重要基本资料。对司徒雷登所作《序言》，此前的关注相对较少，但亦有简单的介绍。司徒雷登以燕京大学校长的

---

①〔美〕包华德主编，沈自敏译：《中华民国史资料丛稿 译稿 民国名人传记辞典（第一分册）》，中华书局，1979年版，第104页。

②梁吉生、张兰普编著：《张伯苓私档全宗（下卷）》，中国档案出版社，2009年版，第1120页。

身份，结合其在华办学之亲身体会，对张伯苓办学的努力表示极大的同情与钦佩。他指出张伯苓是兴办私人教育的先觉者，同时赞赏他面对复杂局势与动荡时代时表现出来的英勇气魄与灵活手段。司徒雷登并特别指出"近年来余数与张伯苓博士相会，每见，伯苓辄言其独能知吾灵魂之苦，适如我独能知彼也。""自我初识伯苓，其人生命固已为我启迪矣，以其乐观，以其见识，以其无可挫败之热情，以其一尘不染之德行。余于伯苓之友谊，珍视非常，以为余在中国生活之中，快慰深切之一也。"以司徒雷登的特殊身份地位，而浓墨重彩地与张伯苓以知己相托，这种评价所能造成的社会影响是可以想见的。

其次是对南开学校事业的介绍。在《别有中华》的相关文章中，以《南开经济研究所》最为重要。作为经济学家，康德利夫指出，由 19 世纪英格兰发展起来的西方经典经济学理论是高度抽象并经过逻辑简化的，无论以何种研究形式，这些理论都不能拿来教学或者指导经济实践，否则后果将是灾难性的；仅仅以中国的情况来替换欧美公式里的内容同样行不通，因为经济学理论的应用必须重新思考，甚至有必要构建新的分析典范，才能理解中国的情况。在这个层面上，康德利夫大力赞赏南开经济研究所的成绩，因为它从实际出发，为中国现代经济学教学与研究做出了杰出的贡献。在张伯苓的支持下，南开于 1930 年由何廉负责成立经济学院，

1934 年在社会经济研究委员会的基础上成立南开经济研究所。在何廉领导下，南开经济研究所将研究重点放在中国实际经济问题的研究上。在城市经济方面，南开对天津物价指数进行研究，并编辑后来名声大噪的学术年刊《南开指数》；康德利夫将南开经济研究所称为"经济学实验室"（economic laboratory），允为恰当。

何廉及南开经济研究所的表现正是张伯苓及整个南开的教育精神一贯的体现——土货化。1928 年 2 月，《南开大学发展方案》制定颁布，明确提出"以'认识中国''服务中国'为鹄的"[1]的"土货化"办学方针。这种切中中国国情和社会实际需求的精神，正在何廉时代的南开经济研究所发展中得到最恰到好处的实践。

康德利夫谙熟中国情势，他指出中国人所需要的现代化指导，只有中国人自己才能胜任——这正是张伯苓眼光与事业的卓越之处。不仅如此，康德利夫更在南开的经济学实践上看到更大的意义。康德利夫指出经济学不只是一门技术，它的可贵乃在于背后指导它的哲学。正是在这个层面上，通过把握南开经济学的发展方向，康德利夫认为张伯苓表现出令他赞赏的哲学，那就是收摄外国知识而做自己独特的实践，这

---

[1] 参见《南开大学校史资料选 1919—1949》，南开大学出版社，1989 年版，第 39 页；又见梁吉生撰著：《张伯苓年谱长编（中卷）》，人民教育出版社，2009 年版，第 10 页。

亦是对整个世界的贡献。文中论及："中国有甚多可得于现代化者，世界亦有甚多可希望于一个自由、独立、强大之中国者。世界不需要另一个美国或者另一个俄国。世界需要一个全新的中国，留存中国特性，同时利用美国与俄国的知识。唯有那时，其他国家方能利用中国经验中含有的智慧，以得裨益。"康德利夫认为张伯苓的一生事业正是践行了这种理念，并将其传递给共事的年轻一辈。康德利夫这种评价，可以说代表了西方知识分子对张伯苓事业的最高评价，道出了南开教育精神的恒久价值；同时，张伯苓及南开的教育实践引起康德利夫对整个"中国价值"的思考，这也展现了近现代教育交流的另一种可能性。

如果说，司徒雷登、胡适的颂扬还是更多地集中于张伯苓本人及其代表的中国精神，那么康德利夫则更敏锐地看到了另一个侧面——张伯苓及南开学校代表的"另一个中国"已经具有了产生世界影响的能力，并使得美国精英人士对第二次世界大战后中国可能做出的世界贡献有了更高的期望。这不仅是《别有中华》所收其他文章的宗旨所系，亦在当时学术界获得了相当重要的反响。

## 三

《别有中华》出版于 1948 年，今检索当年各大英美期刊，在 1948—1949 年间有书评七篇。书评中对张伯苓的评价都甚高，除了"南开大学的创办人""南开大学校长"等描述外，一般都称其为"中国的教育界耆宿""中国杰出的张伯苓"等。评论指出，《别有中华》"是西方世界第一本即将出版的、用于致意一位中国学者的著作"。

《别有中华》虽为纪念张伯苓寿辰而作，内容实关乎中国文化、政治、教育等各方面，各书评也确实将它作为介绍中国的资料进行评论，选评此书的多为政治学、经济学和外国事务门类的期刊，其中不乏历史悠久的著名杂志。在这样一本因祝寿而起的书中综合谈论中国，即可见张伯苓在当时中国的特殊代表意义。

不少书评提到，本书相较当时许多介绍中国的出版物的更可贵之处，不只是因为作者阵容的知名与专业，更因为《别有中华》在当时相当罕见地对 20 世纪中国现代革命的各个基本方面进行广泛的介绍，这是当时一般书籍和铺天盖地的关于中国的报道鲜有触及的，评论者写道："此前还未有如此真实的关于中国的专题研讨出现过。"

对于这部书的价值，评论认为在于揭示中国恒久的价值与贡献。所谓"中国的价值"，自然是站在英美为代表的西方社会角度，然而联想到本书是因张伯苓及南开而起，这种中国教育实践与"中国价值"之间的微妙关系，今日正可以表明张伯苓及南开教育在当日的特殊意义。鉴于本书涉及的中国话题之广与作者专门程度之深，有评论认为《别有中华》"简短的介绍无法给出恰切的评价"，也有评论认为本书并不是一部面向一般大众的读物，而更适合教授远东现代史的教师、专门研究者或图书馆架藏。

## 四

特别应当注意的是，在中国近现代教育史与文化史上，西方以知识传授、教育机构设立、教学体制立范等方式长期较为强势地主导中西教育的交流。除了中国人在外求学任职获得西方承认及少数思想家批评西方教育之外，中国在教育与文化上对西方的回应形式较少，造成的影响亦极为有限。而正是在这样的历史背景下，张伯苓与同人以其卓具见识的教育哲学，以及在南开办学中成绩卓著的实践，得到美国学界的肯定与重视，甚至由此引发对"中国价值"的讨论，不得不说，《别有中华》是近现代中西教育交流史上具有非凡意义的一页。考虑到战后中国政局的特殊情况与中美两国的微妙关系，《别有中华》的美国影响及其政治价值得以进一步彰显。而在20世纪前半叶那个风雨飘摇的时代，"像中国古代文明这样根深叶茂的复杂有机生物也可能枯萎"，于危急存亡之秋，以张伯苓为代表的教育家煦育多士，造就新民，照亮了中国的未来，其当代价值更值得我们深思回味。

# 序 言
## INTRODUCTION

〔美〕司徒雷登　撰

陈熹　译

近年来余数与张伯苓博士相会，每见，伯苓辄言其独能知吾灵魂之苦，适如我独能知彼也。伯苓所以言此者，盖叹在中国组织维持一私立大学，其间苦心之劳作及未竟之梦想，借为表达焉。下文或言及余在此事业中之经验，则唯用陪衬以明伯苓之事也。

余既为燕京大学校长，在美国固有潜在之支持者。斯人也，凡教育宗教事业之请，无分国内国外，皆习于襄助，既熟知事外传教之意，且囊中亦有可用之财。张博士则无是。盖缘彼国之中，高等教育，恒为执政操持之事业；现代大学，皆仰中央地方之供奉：张博士诚一先锋也。至于捐资布施之事，人皆以为非在一家一族之内不能为，至多亦只施之邻里乡党，或仅舍于赤贫而已矣。

当其决意投身教育以前，张博士原可在政府任一美职，况其已符合全部要求，顺利起步，如此收入既丰，声名亦贵，而复有悠然游艺之闲。然而伯苓一旦弃之者，由其衷心所划，乃造育童稚为国效力，大有为于我生也。

为建设其南开诸学校，伯苓乃先从诸友之富者求取资助，用以兴建教学建筑，维持日常用度，凡所谓"先驱人物"面临之种种险阻，靡不一一经历，而向上进取，未尝一日而懈。初，其先所经营之中学既获成功，乃益需持续增扩场地器材，而预算亦逐年转增浩大。伯苓决计为其学生提供良好之大学教育，俾使与其中学训练一体完备，此则必然之势耳。至一九一九年，乃觉事可行。经济与管理之负担，固益多而弥重——此必早为其所预见也。然以其意愿之强烈，创造力之充裕，精神之百折不回，卒能成此大业；而彼之筹集资金，奔走遐远，交接广泛，亦为中国教育之私人资助事业树立一新标准焉。

虽然，来源可靠之收入，仅具部分，而需反复平衡诸项预算，诚为一大焦思，难解于心。此种焦思，余固尝知之矣，而伯苓经年如此，余复目睹之矣，故其间经营之惨淡，精神之苦闷，余能明证，而实有切身之感佩也。

夫张博士之事业，乃当时局持续板荡之际，以英雄之异概，独造一教育系统。彼时国内之封建魁渠，狼贪虎猛，内战频仍，争无已时。故必知融通、足智谋、严勇毅、制机变，乃能顺处此军阀更迭之时，而应对政局之乱也。更有甚者，乃此间整个时代，日本之寇氛孔棘，而学生反日之情绪，则潮起勃然焉。

此种青年间之爱国义愤，在华北尤为激烈，盖因此地日本之威胁较他省而弥彰也。此种义愤固为青年之健康表现，然亦造成诸种管理困难。学生既见群体运动固有之威力，每当反日风潮方落，但有违其意者，或某人，或某政策，则继续罢课以反对之：斯实破坏纪律之巨贼也。然则此种性质之变乱，南开乃独少，此则赖张博士与其学生之融洽关系，及其对学生之管理技巧也。

　　一九三六年，张博士以特出之先见，预知日本对华北之侵略，于是在极远之四川省近重庆地立一中学。重庆，即其后战时之都也。此学校所维持之高标准，乃一如天津本校，于逃脱日本淫威之师生，则俨然避难之所，而为此边鄙荒服，实开学术教育之新理念。

　　迨一九三七年日本入侵华北，因南开特出已久，日军祸心深种，乃以残忍之暴力，一泄于南开师生，而致悲惨之结局，尽毁其房屋校舍。此种暴行，实为一强烈表征，所言者，无非彼等之一种体认：爱国精神，固早已浸透南开校园矣。

　　张博士并其同事毫无气馁，因合北方之两所顶尖大学北京大学及清华大学，建立一联合大学，共同管理，流亡昆明。昆明者，边省云南之省会也。其环境之原始简陋，诸种障碍之艰难困苦，盖可想象，而其人乃能勇敢坚持。当日本宰据北平，我燕大操持艰难，而珍珠港之变后本校为其强行关闭，吾人遭逢辛苦；衡诸南开，为自由而坚忍八载，处陋巷而悲愤日滋，然则本校之艰苦较南开为轻，而南开之光荣视本校益彰也。

　　由本文所述，仅可见张伯苓品质之一斑也。察其人所立身之时代，苟非以英雄之概，必动摇委顿无疑矣。虽然，余又愿附数语私见。自我初识伯苓，其人生命固已为我启迪矣，以其乐观，以其见识，以其无可挫败之热情，以其一尘不染之德行。余于伯苓之友谊，珍视非常，以为余在中国生活之中，快慰深切之一也。爱慕斯人，乐诵其德，爰采数语，仅述大略，至于其人高贵之品格，则隐在是编也。

# 张伯苓：一代师表
# CHANG POLING: EDUCATOR

胡适　撰

陈熹　译

　　我既无天才，又无特长，我终生努力小小的成就，无非因为我对教育有信仰，有兴趣而已。

　　以上是张伯苓的自述。他时常津津有味地引述一位朝鲜朋友对他的评价，其人曾说："张伯苓是一个很简单的人，他不会效法同代高明人物的精明做法，但他脚踏实地勤奋工作，在自己的事业上获得了成功。"

　　伯苓二十二岁时始从事教育，时门生仅有五人。到1917年他四十一岁时，他的中学已经有一千名学生。到1936年他六十岁时，南开学校——这时包括男女中学、小学、大学和研究所——已有三千名学生。

　　当 1937 年日寇毁坏他天津的各学校时，伯苓业已在重庆造起了一所新的中学，它几年后便又发展成中国最大的中学，在校学生达一千六百人。

一

　　张伯苓于 1876 年 4 月 5 日生于天津。其父博学多能，性好音乐，热爱生活。他演奏琵琶技艺高超，而骑马射箭允称能手。张父颇花了些家产沉溺逸乐，后不得不教授幼童以自给。伯苓为其长子，系续弦夫人所出，正生于这家境窘困之际。张父虽然自认一生失意，却决计令伯苓受良好的中式教育，并予以严格的道德训诫。

幸有其父在文章上的悉心教导，张伯苓在十三岁时考取了北洋水师学堂，此后经由一群突出的留英学生培养——这其中就有严复和伍光建。严复后来翻译了亚当·斯密、托马斯·赫胥黎、约翰·穆勒及赫伯特·斯宾塞的著作[1]，而伍光建之后写作了不少科学教材，并翻译了大仲马和吉本的著作[2]。

伯苓虽年幼但成绩优异，被选入驾驶班。他学习用功，总在考试中拔得头筹。他最喜爱的教师中有一位苏格兰人名叫马莱绪[3]，马莱绪讲解透彻，而且对于学生极为关切，给伯苓留下终生难忘的印象。

在水师学堂五年之后，1894 年张伯苓以第一名的成绩卒业，时年仅十八岁。然而亦在是年，北洋水师在甲午战争中惨败给日本，全军覆灭，没有军舰供他进一步训练了。他只

---

① 译者注：严复（1854—1921），近代著名思想家、翻译家、教育家，毕业于英国格林威治皇家海军学院（Royal Naval College），1880 年始到天津任北洋水师学堂所属驾驶学堂洋文正教习，1890 年升为北洋水师学堂总办。甲午战争后其主张变法维新，创办《国闻报》，并翻译亚当·斯密《原富》（即《国富论》）、赫胥黎《天演论》、约翰·穆勒《群己权界论》（即《论自由》）、斯宾塞《群学肄言》（即《社会学研究》）等名著。

② 译者注：伍光建（1867—1943），翻译家、教育家、官员，求学于英国格林威治皇家海军学院、伦敦大学，1892 年归国任北洋水师学堂教习，著有《英文范详解》《英汉双解英文成语辞典》等，翻译过大仲马的《侠隐记》（即《三个火枪手》）、《续侠隐记》与吉本的《罗马帝国衰亡史》等。

③ 译者注：马莱绪（MacLeish，1851—1921），1886—1900 年任天津北洋水师学堂驾驶、航海及天文学教习，兼《字林西报》通讯员，著有《天津被围日记》。

得回家等候一年，才又去到海军练习舰"通济号"上，当了三年学兵军官。

正是在"通济号"上，伯苓遭逢中国历史上最耻辱的一幕。终于，他决心脱离海军，投身教育事业。

中国在甲午战争战败后的几年，欧洲帝国主义列强与日本激烈竞争，武力争夺在华领土特权。俄、德、英、法纷纷划定其势力范围。"瓜分中国"成了经常被公开谈论的话题。

正是在山东东北岸的威海卫，年轻的张伯苓无比真切而难忘地体验到了国耻的深切。威海卫的中国海军基地 1895 年初即被日本夺占，这时由日本交还中国，随后再由中国转让给英国。"通济号"练习舰奉朝廷之命从日本人手里收回此港，并于次日转交给英国。

张伯苓曾说："其时，苓适毕业于北洋水师学堂，在通济轮上服务，亲身参与其事。目睹国帜三易（按：接收时，先下日旗，后升国旗；隔一日，改悬英旗），悲愤填胸，深受刺激！念国家积弱至此，苟不自强，奚以图存？而自强之道，端在教育：创办新教育，造就新人才。及苓将终身从事教育之救国志愿，即肇始于此时。"①

---

① 译者注：参见《张伯苓全集》（第三卷），南开大学出版社，2015 年版，第 152—153 页。

## 二

"通济号"上这位年轻军官立下的决心，反映的是一场举国激奋的变法运动，这一热潮在意义非凡的 1898 年以一场"百日维新"达到顶峰。当时，维新运动的领袖成功地鼓动了年少的清朝皇帝，使他迅速接连颁下许多诏令，取消旧弊，施行新政。

在外族入侵、亡国灭种的危机下，这个古老的王朝仿佛终于从数百年的自满中觉醒。有一阵子，在政府的领导和皇室的支持下，久已需要的革新看起来似乎实行有望。

然而不久，这些虚妄的希望就被愚昧的皇太后所领导的反动势力所粉碎。其侄子亦即光绪皇帝，事实上为其囚禁；变法之六名领袖，为其杀害，其他许多人为其流放；改革之法令与行政，为其悉数废止。

戊戌变法失败后去职的开明官吏中便有学者严修，他是天津本地人，也是张伯苓父亲的好友。那年十月，严先生约请当时二十二岁、刚刚放弃海军生涯从军舰上退伍的张伯苓，到他家里来当私塾老师，教他和他朋友的子弟共五人"西学"。张伯苓欣然应允，于是这五个学生就成了他履行终身教育使命的开端。

打从一开始，张伯苓同严修的结识与合作就颇为美满。严氏是中国旧有知识与道德传统中尤为可爱而启迪人心的代表之一。他是学者、藏书家、诗人以及哲学家，他是急公之民也是爱国之士。他对教育的信仰，对新时代新学识的虚心接纳，以及他在天津地方与直隶（今河北）全省的道德名望，为年轻的张伯苓创立教育事业助力甚巨。

已故的范源濂①先生于民国初年一度担任教育总长，1918 年，晚年的范氏曾与严先生一道去美国考察教育。他曾对我讲过严先生的一段故事：

当时刚有一位中国名作家，在美国西岸被一名中国暴徒行刺②，美国政府有鉴此警，派了一位特勤局官员陪同来考察的中国教育家们。虽然严先生一句英语也不会讲，这位美国探员却深为他的沉静谦和所折服，考察旅程末了，他对范先生说道："我曾受派陪同过许多了不起的外国来访者，但我从未见过比你们的严先生更可敬可爱的人物！"

就是在这样的一位主人的后院，张伯苓开始了他只有五个学生的教育，这就是他所任教的第一所学堂——严馆（严

---

① 译者注：范源濂（1875—1927），字静生，教育家。1898 年入长沙时务学堂，旋东渡日本留学，并创办速成法政师范学堂；归国后历任南京临时政府、北洋政府教育总长，中国教育文化基金会董事长，北京师范大学校长等职；1918 年与严修在美国考察教育制度，并支持南开大学筹建工作，担任南开大学董事长。

② 译者注：疑指黄远生被刺事件。黄远生（1885—1915），中国第一位现代意义上的专职记者，报道过民国初年众多重大事件。1915 年因反对袁世凯称帝而远走旧金山，却被在美国民党人误认为鼓吹帝制者而刺杀。

氏学校）。三年后，又有一位天津的名流王奎章①，约请张伯苓每天下午到他家里教他的六个子弟，这里就是王馆（王氏学校）。

我的朋友陶孟和②，中央研究院社会研究所所长，就是严馆的早期学生。他对我讲，伯苓的教学法即使在那样早的时期，也堪称"现代教育"了。他是一位很好的"西学"教师。西学即是英文、算学和自然科学基础。他对学生们的体育锻炼也很注重。他凭记忆把在上水师学堂时用过的哑铃和体操棒设计出来，并为他的学生们定做出许多。

他和学生们一起玩，并且教给他们各种体育锻炼和户外运动项目，比如骑自行车、径赛，还有踢足球。陶孟和还记得他第一次玩纸牌和打台球，就是从他老师张伯苓那儿学的。

承认科学和体育在教育上的地位，在师生的共同学习和娱乐中建立自由而民主平等的往来，在当时都是颇不寻常的举动。正是这些，标志了年轻的教师张伯苓，乃中国教育新哲学的创立者之一。

---

① 译者注：王奎章，天津著名盐商"益德王"第二代传人，曾任长芦纲总。其子王益孙（1876—1930）是南开中学、大学创建的重要出资人之一。

② 译者注：陶孟和（1887—1960），天津人，社会学家。其父陶仲明（？—1901）为严氏家塾早期教师之一。陶孟和毕业于南开中学堂师范班，又留学于东京高等师范学校、伦敦大学，获经济学博士，为中国社会学研究奠基者，著有《中国乡村与城镇生活》《北平生活费之分析》等书。历任北京大学文学院院长、教务长，中央研究院社会研究所所长等职，长期担任南开学校校董。

## 三

1903 年，严修与张伯苓去日本考察中学和大学教育。经由此行，张伯苓带回许多教具和仪器供其"学校"使用，他与严修均深感于这个岛国教育的高速发展。在回国的途中，他们决心把私塾扩充成一个完备的中学堂。

这所中学当时名叫私立第一中学堂（注意这个"第一"），开办于 1904 年秋季，有七十三个学生、四位教师。校址借用严宅的一部分房屋，每月预算经费二百两银子，由严、王两家平均分担。

为了满足师资需要，先前两家私塾中较成熟的学生被挑选出来，组建了一个特别班①。这些先进生在学习之余，在学校里兼任授课老师，陶孟和就是其中之一。他毕业后又去日本和英格兰留学，后来成为中国社会学研究的先驱和领导者之一。

1906 年，一位富有的朋友②将两英亩（按：约 1 公顷）土地捐给这个新学堂，随后又募款建造校舍。新校址地点在天津城郊，当地称之为"南开"。1907 年，学堂迁入新址，遂

---

① 译者注：即师范班。
② 译者注：即郑炳勋（1867—1954），字菊如，天津人，学者、教育家，1903 年经严修推荐，赴日本东京弘文书院留学，归国后曾担任天津市第二图书馆馆长、北洋大学教授，1947 年创办私立崇化中学。

改名为南开中学堂。"南开"这个名字将和他的创办人一道，在中国教育史上永占显赫的一席。

随后三十年中，南开学校的发展日新月异而又步步为营。1910 年到 1911 年，学校开始接到地方和省府的经济补助，私人的捐赠更是逐年增加。1920 年，原籍天津的江苏督军李纯自杀，他留下遗嘱指定将其财产的一部分约五十万元捐给南开。①美国中华基金会和中英庚子赔款委员会，分别管理美、英两国退还的庚款，两家亦在南开主要捐助者之列。洛氏基金团曾慨助南开大学的建筑和设备经费，并且支持南开经济研究所的运行。②

南开始于两英亩（按：约 1 公顷）的土地，数年间，已经有能力购买学校附近逾一百英亩（按：约 50 公顷）的土地，建设起广大的校舍，以供学校的发展。

张伯苓早就梦想在他的中学基础上设立一个大学。在几次不成功的尝试之后，这个梦想在 1919 年终得实现。是年南开大学正式成立，设有文、理、商三科。1920 年添设矿科，1931 年建立经济研究所，1932 年设立应用化学研究所。女子中学部 1923 年成立，1928 年又添设了实验小学。

---

① 译者注：李纯（1874—1920），字秀山，天津人，1895 年毕业于天津武备学堂，北洋政府上将，追随直系军阀冯国璋，南开大学建校时即曾帮助捐款、募款，被公推为南开大学创办人之一。"秀山堂"即由李纯所捐基金建造而成。

② 原注：参见康德利夫《南开经济研究所》，第 62 页。（译者注：洛氏基金团即洛克菲勒基金会，对南开最有名的捐助即捐建思源堂。）

　　至此，到 1932 年，南开系列学校已经含有五部分：大学部、研究所、男中部、女中部、小学部。在日寇入侵之前，在校学生总数已达三千人。

## 四

　　南开有这样迅速的扩展，主要是由于张伯苓的领导能力。他常告诉友人说，一个教育机构应当总有赤字，倘有学校的主事者到年终户头还收支平衡的，那就是守财奴，错失了拿钱办事的机会。

　　张伯苓是白手起家，他从不怕在学校上的投入超出预算。他总在筹划新的扩展方案，总在梦想更进一步的雄图大计，经费短少，丝毫不成阻碍。他对于未来总是乐天派。

　　他说："我有办法自己骗自己！"这是他自己的讲法，是说他总能叫自己相信，船到桥头自然直。并且船到桥头果然都转直了，他总能得到需要的襄助，施行他的计划。

　　张伯苓在他 1944 年的一篇自传性的文章里说道："南开学校系由国难而产生，故其办学目的，旨在痛矫时弊，育才救国。"①他把中国的积弊总结为五类：（一）体力柔弱而健康不良；（二）迷信而缺乏科学知识；（三）经济穷困；（四）极

---

　　① 译者注：参见《四十年南开学校之回顾》，见《张伯苓全集》（第三卷），南开大学出版社，2015 年版，第 153 页。

欠团体生活与活动而不能团结；（五）自私。①

为了纠正这些弱点，伯苓谋划出五项教育改革。新教育必须致力于增进个人体魄强健。它必须以现代科学的方法与成果训练青年。它须使学生们有组织并积极参加团体生活与团队协作活动。它必须给学生们有活力的道德训练。最后，它必须培植每个学生为国家服务的能力。②如今，这些似乎是平凡无奇了，但是张伯苓实实在在地把这些理想的大部分融入学校的整体教育之中，这实在是他的伟大成就。

在全国所有非教会学校中，南开的体育毫无疑问是最出名最成功的。南开的运动健将们在华北乃至全国和远东运动会上都曾赢得赞誉。自1910年起，在各种重要的运动会上，这位南开的负责人总是被邀请担任总裁判。

在团体活动训练上，南开同样享有盛名。南开的学生活动中最出名的是新剧团。早在1909年，张伯苓就鼓励他的学生演剧。他曾给他们写过一出剧，并指导舞台设计和表演；而且使外界观众骇异的是，戏里的主角竟是由校长本人扮演！后来，南开新剧团由张伯苓才华横溢的弟弟张彭春博士接管——他曾在哥伦比亚大学学习文学和戏剧。好几出南开的"新剧"

---

① 译者注：参见《张伯苓全集》（第三卷），南开大学出版社，2015年版，第153页。原文顺序为愚、弱、贫、散、私，此处顺序及具体介绍与原文小有差异。

② 译者注：同上，第153—155页。原文为重视体育、提倡科学、团体组织、道德训练、培养救国力量。

公演成功。在张彭春博士的导演之下，几出欧洲的知名剧作，包括易卜生的《玩偶之家》和《国民公敌》，被改编为中国版本，成功演出，受到观众的热烈欢迎。参演易卜生剧作的一个学生演员万家宝（他的笔名曹禺更广为人知），已经成为今日中国家喻户晓的剧作家之一。

## 五①

1908 年，张伯苓第一次游历美国和英国，并研究两国的教育制度。他本人的道德热忱，以及同基督教友的长期交往，再加上他对英美社会及民生的观察，使他对基督教抱有绝对信仰，以之为永恒的伟力。从英美回来的次年（1909 年），他受洗礼成为基督教徒。那年他三十三岁。

不过，我的朋友张伯苓绝不是一位苦行的道学家。要做道学家，那他可过于幽默了。他的学生之一，曾一度任中国驻古巴公使的凌冰②博士，喜欢讲这段初遇他的老师兼校长

---

① 译者注：李子英旧译此部分内容开头有"在德育和爱国思想的教导方面，伯苓先生个人的领袖能力实占重要的地位，特别是在早年全体学生还不太多的时期。在每星期三的下午，他必召集全体学生在一起同他们谈论人生问题和国家世界大事。他几乎对每个学生的名字都知道，并且尽力给学生们个别的教导"一段，并无对应英文原文。

② 译者注：凌冰（1892—1986），河南固始人，曾任南开大学部主任、河南省教育厅厅长、河南省立中山大学（河南大学前身）校长、中国驻古巴公使等。

的故事。凌博士当年是从内地省份河南来的孩子，他到访张校长的办公室申请入读中学。门房让他候着，因为校长正在操场训练他的足球队。半小时之后，凌冰望见一位满头是汗、高身量的人，穿着带泥土的长皮靴，走进办公室。这就是大名鼎鼎的张伯苓！张伯苓立刻看出这个来访的少年脸上表情惊讶。他笑着问他几个问题，并让他坐在桌边写一篇短文，题目是一句旧格言："师严然后道尊"[①]。

这幽默感让这小考生放松下来，他下笔在文中说明他理想中的老师应当是怎样的庄重和可敬。张校长通览文章然后说道："好！好！准你入第五班。"

## 六[②]

作为爱国者和教育家，张伯苓对日本在东北的挑衅行为忧心忡忡。1927 年，张伯苓到东三省进行了一次考察。回来以后，他在大学部成立了一个学会以研究东北问题，并且派

---

① 译者注：出自《礼记·学记》。
② 译者注：李子英旧译此部分内容开头有"张伯苓从始至终是一位爱国者。他一生的使命就是教育救国。他把他的教育学说总括起来作为他的校训：'公能'，就是为公共服务的精神和能拼事业的才干。一切的教育和一切的训练，都要求写这两本目标：为公的精神和替社会国家工作能称职胜任"，并无对应英文原文。

遣一批教授前去调查东北的情形和问题。①

　　1931 年日本侵占了东三省，1933 年战氛直逼平津，具有爱国主义传统的南开学校乃时常与入寇之敌直接冲突。日本在天津驻军的兵营就坐落在南开大学和中学之间。然而，在 1937 年 7 月平津真正陷落以前，华北的学生爱国运动大多是由南开学生领头。正因为这种爱国行动的领导地位，南开中学和大学校舍在 1937 年 7 月 29、30 日两天，被日军蓄意摧毁。接连两天，低飞的日本飞机毁坏南开楼宇，轰炸如同骤雨。噩耗传到当时在南京的张伯苓处，蒋介石对他说："南开为中国而牺牲。有中国即有南开。"②

　　祸不单行。南开被毁不久，张伯苓又遭受了一次重大的打击。他的爱子张锡祜，在驾轰炸机去往前线时，于江西山中坠机身亡。锡祜三年前从中央航空学校毕业。在举行毕业典礼时，蒋介石以校长身份致辞，张伯苓代表毕业班的家长做了一场动人的演说。得知儿子的死讯，他沉默良久之后说："吾早以此子许国，彼尽其责也。"③

---

　　① 译者注：即南开大学满蒙研究会，次年改名为东北研究会，主任为傅恩龄。该会曾三次组织师生赴东北实地调查，参与者包括张伯苓、张彭春、蒋廷黻、何廉、喻传鉴、傅恩龄等人，编印有《东北地理教本》等著作。

　　② 译者注：参见《张伯苓全集》（第三卷），南开大学出版社，2015 年版，第 159 页。

　　③ 译者注：张伯苓的原话有两句，为"吾早以此子许国，今日之事，自在意中，求仁得仁，复何恸为！"和"而今吾儿为国捐躯，可无遗憾了。"英文似撮述大意。

# 七

张伯苓及其同人早已预料到南开会被日军摧毁。1935 年张伯苓西去四川考察，足迹遍及该省诸城市。几个月以后，南开中学主任①被派往四川，去考察能否在华西建立一所分校。重庆近郊一处校址被选定，校舍开始兴建。这所新学校叫作南渝（意重庆之南②）中学。早期捐助学校建筑和设备经费的，就有蒋介石。1938 年，应南开校友总会的请求，这所新校改名为"重庆南开中学"。

平津陷落后，教育部要求南开大学与国立清华大学、国立北京大学合并，在距平津地区一千英里（按：约 1609 公里）外的湖南长沙成立一所"联合大学"③。1937 年长沙校址又被敌人轰炸，三校奉政府命令迁往千余里外的云南昆明，在那里成立了存续七年的"国立西南联合大学"④。

但伯苓先生多半时间是在重庆的南开中学的。也是在重庆，1939 年，南开经济研究所复建。一所南开小学于 1940 年开办。那几年正当日军轰炸重庆最猖獗之时，南开的新校舍被轰炸三次。1940 年 8 月，三十枚炸弹落在校内。然而屋舍

---

① 译者注：即喻传鉴。
② 译者注：作者理解有误，"南渝"实乃南开在渝办学之意。
③ 译者注：即国立长沙临时大学。
④ 译者注：国立西南联合大学定名于 1938 年 4 月 2 日，1946 年 7 月 31 日正式撤销，实际持续八年余。

旋毁旋修，弦歌则一贯不辍。

## 八

　　张伯苓既热爱国家，对于国家政治的发展自然极为注意。虽然如此，政府屡欲界以包括教育部长及天津市市长在内的要职，他都予以谢绝，因为他想全心全意地去实现自己的教育理想。直到抗日战争全面爆发，他才积极投入政治服务。1938 年国民参政会成立，他先当选为副议长，后又被推选入主席团。他对这个机构抱有极大的信心，认为是中国民主议会之试验。除掉生大病以外，他从未在参政会开会时缺席，包括每两周召开一次的驻会委员会会议。

　　张伯苓很少发言，通常以莅临会场来发挥影响力。虽说他也会教导他的每个学生，即使不一定去做官也要关心政治，但本质上他是个教育家。张伯苓的事业乃超乎政治之上。

　　在这九年的战争期间[①]，南开大学受国民政府援助，但南开中学仍维持私立。即使政府最近仍然在拨款资助西南联大三校复校，但张伯苓终生坚持和促进的，是私产支持教育。他亦将继续照此方针努力，而他的南开系列中学将保持私立，并将继续超脱政治。日本正式投降后不久，重庆南开中学校

---

　　① 译者注：原文如此，这里应是指 1937 至 1946 年。

长和光复后的天津市市长①坐同一架飞机北还，回旧地重建南开，而重庆南开中学将仍继续它在战时的光荣纪录。不论南开是私立或公立，正像蒋介石曾许诺过的，"有中国，即有南开"。

年届七十，张伯苓仍为他的南开怀着远大的梦想。他对他的同事和校友们说道：

"回顾既往奋斗之史迹，展望未来复校之大业，前途远大，光明满目。南开之事业无止境，南开之发展无穷期，所望我同人同学，今后更当精诚团结，淬厉奋发，抱百折不回之精神，怀勇往直前之气概，齐心协力，携手并进②，实亦我华夏国家无疆之光辉也。"

---

① 即 1945 年 10 月 2 日，重庆南开中学校长喻传鉴、天津市市长张廷锷同从重庆乘飞机北还天津。

② 译者注：参见《张伯苓全集》（第三卷），南开大学出版社，2015 年版，第 162—163 页。原文中应有"务使我南开学校，能与英国之牛津、剑桥，美国之哈佛、雅礼并驾齐驱，东西称盛。是岂我南开一校一人之荣幸"句，胡适英文文章未译。

# 近五十年的历史
## FIFTY YEARS OF HISTORY

〔美〕费纳克　撰

安梁　译

　　中日之间的第一场现代战争，以 1895 年 4 月 17 日签订的《马关条约》为终结。1931 年在东北打响的第二次世界大战[①]，以 1945 年 9 月 2 日日本签下降书而告终。这两次冲突终结点之间的五十年，无论对于中国还是世界都至关重要。仅仅是列出其中直接或间接关涉中国的大事年表，恐怕就要写满好几页纸。

　　中国过去五十年的历史往事，或许几百页的书也讲不完，在中西记述者的眼里也可能迥乎相异。然而，在发展概况与中国当代史图谱上，中西方之记述殊途同归。这张历史图谱，可以简要勾勒如下。

## 一

　　从很多角度来说，1894—1895 年甲午战争的惨败与中国遭受侵略的八年抗战大有不同。甲午战争与抗日战争最显著的差异，在于前者催生了国家主义的发展，使之成为情感与理智的黏合剂，力助中国得以团结社会、巩固政权，历经外族侵略而坚韧不屈。

　　对于国家主义政治的自我意识而言，最有效的武器就是教育。经过科举制度跻身官场的书生，是帝制中国统治阶层

---

　　① 译者注：原文如此。这里实际是指"十四年抗战"，下文又提及"八年抗战"，"八年"实际指 1937 年全面抗日战争爆发至 1945 年日本投降这段时间。

的脊梁，史实即是如此。科举，不止于地方性考试，而是一场全国性的官僚选拔。为科举而研习的内容，也着眼国家而非地方。只不过，此处国家的概念，重文化而轻政治。

中国，作为一个需要维系与捍卫的国家概念，甚至在知识阶层都迟迟未能广为传播。尽管有教无类广受宣扬，但大多数人与教育无缘。虽然如此，传统上，政府由知识分子领导。当教育本身开始转变，新的学生阶层借此传统在革新思想与改革国家机构之中扮演重要角色。这一传统也决定了中国最先迈出改革步伐的正是教育。

甲午战争激发了国际上瓜分中国的狂潮，也催生了中国内部以改革或革命为手段的反清运动。自 1895 年起，孙中山成为活跃的革命者。到了 1898 年，中国统治集团高层也将改革提上日程。1898 年的改革方案，以及其后清廷的预备立宪之中，一个基本举措就是引入"西学"的新式学堂教育。官办的新式学堂，在 1911 年之前已经存在，辛亥革命之后更是大行其道。就中国传统而言，官方办科举，而教育出于私学，政府介入大众教育领域，意味着自身迈出革命性的一步。

引入新式学科代替儒学或中西兼修，同样是一项革命性的举措。在学堂和大学里对男女青年（后者稍晚）大班制授课，为新思想的宣扬、传播及获得广泛支持营造了物质与社会氛围。由于官办与私立的高等学府都开始招收五湖四海的生源，学生群体的思想不可避免地超越地方乡土的范畴，上升到了国家层面。

在 20 世纪的最初几十年间，留学运动对于将学生群体的思想抬升到国家层面同样意义非凡。相比于在国内求学的人，留学生更易注意到，人们在政治和文化上因国界被区分开来。无论他求学于日本、美国还是欧洲某国，事实皆是如此。不论在感性还是理性的层面，他都被迫须厘清中国人与日本人、美国人、英国人、法国人究竟有何不同，而不是广东人与中国其他各省人有何不同。

基于在本国的观察及平日所学，留学生会意识到中国面对外来者低眉顺眼，在日本、美国和欧洲各国所获的外交待遇也与其他国家大相径庭。治外法权、关税协定、口岸体系与外国租界、长江上的炮舰、北京与天津的外国驻军、中国内陆水域的通行权、外国资本控制的铁路要道、外国租占的领土、外国人把持的新兴工业——他们逐渐理解了中国主权遭遇的不寻常而又屈辱的威胁。这种对国家层面的认识只能通过求学来实现，否则不过是对特定地区的了解，就如同坐井观天一般。

## 二

同其他国家一样，中国的国家主义发轫于国之生存受到外界威胁之时。在过去的五十年里，外国威胁从未断绝。

1894—1895 年的甲午战争直抵中国命门，激发西方列强在华划分势力范围，奏响了瓜分中国的序曲。当这波瓜分狂潮渐趋平静，1900 年介入东北事务的沙俄又成了近在咫尺的威胁。

1904—1905 年日俄两国为未来大国地位在中国领土决战之后，沙俄的威胁被日本取代。战争的后果是，日本夺取了沙俄在东三省南部的利权，沙俄则盘踞东三省北部并觊觎蒙古。从此，西方列强对华威慑暗藏于金融等经济政策中，而日本的野心成了中国的最大威胁。

积极巩固在东北的支配地位之余，日本还将未来意图都写进了 1915 年的对华"二十一条"。1914—1918 年间，对日本而言是前所未有的自由表达国家意志的良机。这种制定与实施政策的相对自由，随着第一次世界大战结束而告一段落。1930 年之后，日本又迎来了侵华与反华行动的新一轮自由，侵占东北就在此时完成。侵吞东三省与内蒙古局部之后，日本又试图策划自治运动，将华北分离出中国。1937 年，中国投身到军事抵抗之中，尽管失去了大部分沿海地区的控制权，但还是坚持到了中国战场与欧洲战场的合流。

日本的每一步侵略都会激起民族情绪，引发大众更强烈的反抗。1915 年全国性的"护国运动"爆发，这一运动缺乏行动纲领，仅为袁世凯的支持派与反对派募集了资金。《凡尔赛条约》处置胶东湾的消息从巴黎传来，在各地学生的支持下，北京学生公开讨伐对日交涉不力的中国外交使节，从此开启了学生运动的活跃时代。商人紧随其后，或出于自愿，或迫于形势，加入抵制日货的行列。

抵制日货并非学生发明的新式武器，但正是学生组织的运筹帷幄，将这一地方手段相当高效地推广到了全国范围。然而，它的效果取决于其背后的意图与这一意图传播的广度。由于抵制的意图在于救亡图存，信息就需要被全国的商人、工匠与乡民知晓。

若要劝服那些尚未受到日本或是其他列强波及的人，就要晓之以利害关系，否则就会落入乡间杂议的窠臼。这就需要宣扬中国的整体性，任何一地欲最终获得独立，皆须与国家共进退。危机降临或是需要举国行动之时，这样的宣传必不可少。

意识到举国救亡必要性的，并非只有学堂与大学里的学生。昔日的新式学生，那些彼时已成师长的知识分子，在课堂上推进了救亡思潮。而其他新式学生，毕业后则投身政务之中。许多从政者，也包括一些从教者，都丧失了爱国热情，陷入对权力的反复争夺之中。

国家主义，对内有时表现为激进主义。而对外，即便是救亡之时，也常系于当权者的个人选择。因而国家主义出现新浪潮，转而向官场施压，以确保他们的个人得失不会凌驾于国家权益之上。

# 三

必须弄清楚的是，过去五十年里，正是国内局势为外国经济政治入侵提供了机会和动力。中国军事孱弱，政治松散，市场失序，经济也在倒退。但国民构成的潜在广阔市场、丰饶的物产却是名声在外。历史上，凡是国力孱弱与物产丰饶并存，总会为侵略大开方便之门。

就中国而言，1900年前后，中国还能靠着在诸国之间斡旋勉力维持。而长久看来，救亡即便不取决于军事力量，至少也要倚仗能够维持秩序、汇集所有御侮力量的政治组织。为达此目的，革命势在必行，尽管它伴随着混乱与失序，会产生其他招致侵略的情形。

从某种意义上说，最初的革命口号"驱除鞑虏"就具有民族主义色彩。满族被视为"外国人"，清王朝也被归于"异族"统治。于是乎，一个民族主义的目标油然而生：将权力从"异族"王朝手中夺回，交还汉人。清政府无力面对西方冲击正揭示了其脆弱性，而这被归咎于它本是一个"异族"政权。清政府及其官绅在1901年后未能顺应时代迅速果断地追赶革新的步伐，反而暗中破坏革命力量，导致自身统治在1911年被革命者推翻（按：清朝灭亡时间实为1912年2月12日）。

由于没有王朝取代清廷，清帝逊位后中华民国应运而生。

中华民国的根基——共和主义与代议制政府的概念都源自国外，由新式学堂（尤其是教会学校）与归国的海外留学生引进而来。因而，取代"异族"王朝的，正是一系列外来的理念，尽管它们还没被广泛接受。

## 四

第一次政治与政府革命并未达到革命者的预期。在清廷统治之下，实际掌控政府的是汉人。清帝妥协、民国初立，统治的实权大体上未变，中央的集权建立在军事将领对首任大总统袁世凯的个人拥护这一脆弱根基之上。当然，这也在某种程度上代表着基础性的变革。革命的进程有赖于军权的投机，许多省份的政权落入军队之手，而非处于知识分子掌控之中。文官被保留下来，但他们需要得到军人支持，或是为当权者效力，无论掌权的是不是知识分子。政权的军事基础是省际或地方性的，而非全国性的。

正如前文所言，各省的领袖，基于对大总统袁世凯个人的拥护才归附民国，他们并不认可基于宪法而设立的议会和内阁等国家机构。但在另一方面，1915 年袁世凯意欲复辟帝制时爆发的反袁护国运动，以及 1917 年张勋复辟的失败，表明帝制思想已经一去不复返。

袁世凯死后，各方对北京和政府机构的争夺，能够证明国家概念的重要性。北洋政府期间的对华国际政策，同样体现了保留国家框架的重要性。对中央政府机构的控制，意味着有能力向列强更自由地借贷，以及享有处置抵押给外国贷款的关税结余与其他税款的权利。如此一来，控制北京变得有利可图，刺激着卷入内部权力斗争的各方赞同国家的概念。

　　然而，1916 年袁世凯死后的督军政府（由各省军事统治者操纵政权），意味着中国政治进入统一性消失的时代，中国只剩下了由一众军权操纵之下相互斗争的省区。对个人私利与财富的追逐，成为公共生活的主要推动力。1911—1912 年及其后的 1923 年后所奉行的革命奋斗的原则，被这一时期的中国军事强人遗忘了，只有为达个人目的之际才会提及。

　　这并不意味着中国完全滑入更糟糕的境地。在政治与政府领域演进的同时，经济结构方面的基础性变革也在进行之中。变革的动力来自外部，国际贸易冲击国货，产生了经济活动的新需求。对于外资经济的担忧，阻碍了由外贸刺激的经济变革进程。新式经济活动的优越性以及对外国控制或主导经济的担忧，促使中国人前所未有地主动参与到经济活动之中。

## 五

　　最早在全国范围内发生的变革是在通讯领域。在 19 世纪末，中国邮政系统就已经起步。全国邮政发展迅猛，1914年已经加入了万国邮联。电报通讯也在 19 世纪就被引入，20世纪最初十年在全国范围内广泛扎根。到了 1920 年，一些大城市也出现了电话。

同样蔚然成风的，是全国铁路系统的铺设。中国铁路业最早由外国投资者掌控，19 世纪的铁路特许权是列强划分势力范围与进行经济渗透的手段。面对国家危难，人们开始尝试国内投资或省内铺设铁路。

人们很快意识到，铁路交通的发展是一个全国性的问题，铁路系统也是中央集权的一柄利器，全国铁路管理权一旦落入外国人之手，中国将陷入最危险的境地。1911 年辛亥革命爆发的原因之一，就是争取地方路权反对铁路"国有"。因而，铁路的管理与发展是国家责任而非仅涉地方。

随着新式交通方法与手段的引入与普及在政治层面开花结果，它们在国家经济层面上也显得举足轻重。功效之一，就是削弱了货物生产和分配上的省际主义与地方主义。由于地方产品所面向的市场扩大，乡镇经济融入全国经济。操纵更广泛商品交换的商人阶层，队伍扩大了，财富也增加了。

为便利贸易，一些运营范围覆盖全国的银行成立了。借着新式银行与新式商业合作组织的东风，工商企业投资也能利用到更大规模的国内资本。国内贸易的扩张也引发了对货币问题的关注，揭示了各类波动较大的交易媒介之弊端。因而，全国范围内周期性的货币改革成为迫切需求。

# 六

前文指出，改革的动力与资金大部分来自国外。这令经济发展问题在诸多层面变得复杂，但并不能削弱新式经济逐渐纳入全国范围的意义。对于在甲午战后二十几年里萌发的工业化，亦是如此。

1896 年的中日商约①保障了外国人参与中国工业的权利。在上海等城市，他们在外国司法之下行使权利，企业也不受中国管辖。外国工业活动的蔓延，又唤起人们对通商口岸问题的关注。彼时中国已经引入机器与生产线，工业生产业已起步。中国企业与外国企业在发展中并驾齐驱。他们为共同的劳动力与国内市场展开竞争，但中国企业需要遵守日益完善的国家法律，而外国企业则置身于司法管辖之外。无论如何，由于生产进步，两者都在为全国市场而非地方市场进行生产。

至于管理，涉及生产方式的转变以及新的通讯、运输方式的应用，这决定了政府在社会中的传统角色需要有所调整。这在政治最动荡之时尤为重要，不仅牵涉政治经济变革的互

①  译者注：即《中日通商行船条约》。

动，也促进着经济活动新形势下的社会转型。

从目标来看，1911 年的辛亥革命只是单纯的政治革命。它爆发之时，全国并没有广泛理解其政治内涵的坚实基础。在革命的冲击之下，知识分子无论情愿与否，都从政治官僚转变成军事领袖的参谋。伴随着经济转型，教育迎来一个新的方向。

人们意识到，在官僚与教师之外，受教育者还有其他职业方向。但对于许多新型社会急需的职业来说，有效的教育需要知行合一，既知其原理，又能指导他人行事。这适用于需要在实验室里动手操作的理科教育。尊重实验性的学术工作这一理念具有革命性，并被逐步接受。这使得知识分子与其他群体的接触日益密切，也逐渐深入理解了中国的问题所在。

在政治动荡的时代，文学领域同样发生着自觉的革命。这些与其他运动及趋势一道，刺激着政治领域之外理性与感性的发酵。而成形于 1924—1925 年，以民族主义运动的形式再次发生的政治革命，为它们指明了目标与方向。

# 七

革命的领导者是孙中山以及他从前的追随者，也不乏志同道合的新人。革命的手段是重组国民党，革命的目标可以宏观概括为民族、民权、民生的"三民主义"。

　　此时革命是国家主义的，宣扬反军阀、反帝国主义，这也是革命运动的原动力。军政府在经济上的剥削压制，从普通人赖以为生的经济活动中榨取民脂民膏；外资控制中国工厂，使得革命与上海工人罢工和香港海员罢工之类的政治示威活动联系在一起。

　　牵涉中外的经济抗争，使得城市民众越发意识到条约体系下治外法权等问题的严重性。大众支持使得 1926 年的北伐有了保障，这场远征既推翻了北方的军阀统治，还借统一之机收回了列强手中的利权。

　　1911 年以来，孙中山反复思考了民主的问题，最终决定不再以共和及西方议会体制来定义民主。他觉察到，无论如何民主都需要渐进的准备与引介。于是，"军政"成为国民党民主进程的第一阶段，中央政府将大权独揽，直到军阀被推翻。

　　这一目标完成，才能进入下一阶段"训政"，政权由军事领袖交与国民党。这一时期政权统于中央，向最后的"宪政"阶段过渡。准备工作包括将民主引向地方基层，在各地逐步推行，直到民主从基层到各省再推向全国。

　　由于种种原因，尤其是 1931 年前后日本的入侵，中国直到如今才得以进入"宪政"阶段，重要的政治机关却仍属于政党而非政府。

在推翻北方直奉联盟后，依照孙中山的建议，政府五权分立，分为立法、行政、司法、考试、监察，这样中西合璧的设置，有望不久后成为政府运行的永久模式。这一稳健举措，也可以算作是五十年来政治实验和冲突的成果。

## 八

1928 年的全国统一并不彻底，政府尚与各路军阀藕断丝连。无论军阀是否理解或相信国民党的三民主义，都为保存实力而接受了它，这增强了国民党的实力。为了让国民党的统治在各地建立、巩固，将领们维持了军事力量。国民党极力想要摧毁的军阀力量，被带入了"训政"时代。但军阀也经历了新旧更替，最显著的改变是接受了民权至上的原则。权力由此从各省转移到国民政府，中国又一次逐渐成为一个政治实体。

当国民政府的权威遍及旧式军阀掌控的地区之时，又一个阵线问题摆在面前。在十月革命后，中国出现了共产党组织。如果共产党成员认同三民主义，是被允许加入国民党的。至于国家主义宣扬的反帝反军阀，他们也志同道合。孙中山三民主义构想中的民主与民生，与共产党人也有契合。然而，允许共产党人以个人身份加入国民党，并没有导致共产党的解散。作为国民党左翼的团结一致的共产党人，在广东政府草创时代有着相当的影响力。

在国民党决定起用苏联顾问对国民党重组及革命策略调整提出建议后，共产党的影响力增强了。国民党自身的组成，也从初期代表知识分子、新兴商业金融阶层和绅士阶层，转而囊括了左翼的小商业群体和激进学生，而共产党是它的最左翼。所有人的期望都是将国家从当权者手中解放出来，但从军阀手中夺回的权力应当如何利用，以及如何在新的基础上开展新的外交事务，国民党却没有明确的计划。除去左翼人士，从经济基础到社会管理，国民党其实是改良派而非革命党。

## 九

北伐抵达长江流域之时，裂痕出现了。国民党进行了一场对共产党的彻底清洗。正如清党之际经常发生的那样，"共产党"的范围被随意扩大，那些并非共产党人的反对派也一并被囊括其中。

在一段时间的混乱之后，共产党人得以重聚，借助自己的武装支持，在理论上的国民党统治区域发展政权。他们在蒋介石的国民政府几度大军压境之后，还能勉力维持。然而，最终在 1934 年末，他们被迫从江西南部和福建撤离，经过如今广为人知的长征，穿越敌占区到达中国西北，在那里立下根基，直至 1937 年卢沟桥事变爆发。

从 1931 年到 1937 年，尽管面临日本入侵和国家分裂的危险，南京政府眼中的当务之急却是与共产党作战。面对日本威胁，中国拿起了经济武器，由非政府人士组织起抵制运动。对日施压的同时，各个阶层呼吁延缓内战共同御侮的声音也愈发响亮。共产党也发出呼声，宣称如果国民党愿意对付共同敌人而非继续内战，他们将会服从救国大局。

国民党与南京政府没有对日采取积极的军事抵抗出于一些原因，其中之一就是"攘外必先安内"的观念，意味着要继续内战直至消灭共产党政权。另一方面，共产党为了表达诚意，表示可以解散军队，或将其交由中央统辖，或在其领地接受国民党军官的指挥。只有如此，才能迅速结束内战。但有了清党的前车之鉴，共产党领导人认为向国民党交权只会导致他们及其追随者被清洗。于是，他们质疑起国民党的诚意。

抗日行动延迟的第二个原因，是军事及国内外政治筹备尚需时日。以中国的积弱来看，这些筹备无疑很有必要。从日本对华的举动来看，日方担心这些稳步推进的筹备会使他们蚕食中国的企图难以得逞。无论如何，1937 年的中国都比 1931 年甚至 1935 年更能经受住战争的突袭。

可以说，中国积蓄的力量促使日本在 1937 年仲夏发难，1936 年底国共达成的统一战线起到了决定性作用。在达成的协议中，共产党领导人表态愿意为共御外侮调整政策，使日本不得不面对统一的中国。假以时日，统一的力量就会彰显。在理性与情感的调整尚未完成前，日本仍有机会迅速出击，利用内战余波制造事端。

然而，日本未能高效做出决策。战争的爆发，与以往的外国侵略相同，拓宽并加深了国家主义的维度。随着战局僵持，旧日裂痕与风波又起，尤其是国共之间。事实上，即便抗日战争进行之时，国共的暗战也在继续。

十

战争的必要性带来了前所未有的向心力以及在自由地区（区别于被日军占领的沦陷区）的中央集权。在中央集权过程中，国民党组织的势力再度增强扩张，牺牲了此前的民主化势头及提高大众福利的举措。

战局扩大带来的厌战情绪与精神涣散开始影响到了民众，虽并未动摇政府决不投降的信念，却的确使得一些领导者假公肥私。当对日作战需要现存设施提供更有力支持时，外援不足就成了避免自我牺牲的好理由或好借口。最终，许多人认为盟国迟早会为中国赢得战争，以中国抗日的时间和价值来说，这是无可厚非的，他们也认为是时候收回以往的成见了。

尽管战时控制严密，国民党内部也渐趋保守，但囊括多数人参与政治的君子协定不时被提及。代表国民党外个人与群体的政治协商会议①虽被召集，但由于它并不被允许作为议政机构充分发挥作用，仍停留在理念阶段。但协定让理念有了未来，一旦付诸实践，就能建立起一个消解政治冲突的框架，而不用再诉诸武力。

宪政的实现，可以宣告五十年来的政治革命进程告一段落，这也是取得经济成就不可动摇的前提。而被战争延缓的经济进程，也是孙中山三民主义之中民生主义（参见 56 页②）的重要目标。

<h1 style="text-align:center">十一</h1>

第二次世界大战让中国得以收回 1895—1945 年之间被日本占据的领土。二战局势以及中国与美英的联合让 19 世纪的条约体系最终瓦解。从此，中国进入战后世界，与各国在法律上平起平坐。中国独立奋战以及加入民主同盟后所表现出的韧性，赢回了《马关条约》签署后已经丢掉了数十年的尊严。

另一方面，战争的结果也为中国找到了此前蒙羞的根源：

---

① 译者注：此处应指 1946 年 1 月由中国国民党、中国共产党、中国民主同盟、中国青年党和社会贤达组成的政治协商会议，史称"旧政协"。

② 译者注：原文如此。疑排印有误，应指原书 58 页的相关论述。

虚弱。军事的虚弱让中国无法在缺少外援之时将日本赶出中国，也让沙俄在甲午战争后乘虚而侵夺东北。然而，军事虚弱只是 1937 年以前政治虚弱的结果。在能够将各方利益团结在一起，使得各种争端能在无须兵戎相见的条件下得以解决之前，政府还只是空有一副骨架。

由于经济是政权的基础，中国维持刚刚赢得的独立以及方才恢复的统一的能力，取决于工业与农业的重建。当战争爆发时，经济上的工业化刚刚迈出脚步。民族工业集中于日本占领的地区，而日本未能渗入的内陆地区，工业虽起步，但境遇艰难。

诚然，战争令新的生产方式深入到经济现代化从未触及的地区，但这也是早期发展地区沉重的损失背后仅有的补偿。如果中国不想陷入经济积弱落后的局面，内地工业需要得到巩固，沿海经济需要恢复，工业化也需要继续推进。经济革命的最终实现，取决于政治稳定发展以及政治如何高效地服务于经济。

如果想要实现革命的基本目标，经济需要定位于政府为全体人民谋福利的基础之上。过去五十年不乏向着实现革命目标前进的重大运动，但这些运动只是推进了革命进程，能改变自甲午战争以来中国积弱状态的政治、经济、社会革命，尚未到来。

# 中华民国之演进
# THE DEVELOPMENT OF THE CHINESE REPUBLIC

〔美〕霍尔康柏　撰

安梁　译

对于美国人而言，一个没有宪法的共和国无异于天方夜谭。在美国人的成见里，这部宪法还得是成文法典。从约定俗成的法治意义来讲，政府需要服从具体宪法条文的指引。

政府的产生、公职人员的权力分配、以公众名义制定实施政策的行政流程，都要合乎政治准则并写入法律条款之中。权力的滥用、错用，须无可乘之机。大权集于一人或一些人之手的危险，也须防微杜渐。

一

心思缜密的美国人无疑很早就意识到，看得见的政府与看不见的政府存在重要的界线。如同爱丽丝的梦中奇境一般，政治往往似是而非。在合法权威之外，总有一些弹性政治行为能够施加影响。权力会从那些不懂或不会使用法定权力的人的指间溜走，被那些懂得将其派上用场的人攥在手里。

行政背后的利益，如同旧日王冠之下的大权，可以令遵循宪法的政府轻易变质。基本法未明令禁止的可以被归为习俗，古老的成文宪法甚至没有明确描述政府为谁而建。但如果一个共和国没有依据宪法组建的政府，它一定会沦为疑点重重的投机事业。

然而，现代世界的政府，已经成了一项过于烦琐的事业，成文宪法为许多目标服务，早已超出广为流传的美式成见。

例如，苏维埃社会主义共和国联盟的宪法。

所谓的 1936 年斯大林宪法，与 1787 年美国宪法类似，对政治建设有清晰精准的表述。政府的立法、行政、司法体系，国民权利，加盟共和国与苏联的关系，都占据了适当的章节。与美国宪法相似，斯大林宪法是一份成体系并清晰易懂的计划，为看得见的政府而定，也表述了如何成为更完美的共和国联盟。

然而，没人会认为，斯大林宪法会与美国宪法功用相同，它的名字就暗示了这一差异。美国人不会以任何人的姓名为宪法命名，那位主持了制宪会议、对宪法的最终制定和实施贡献良多的伟大人物也无缘此殊荣。我们郑重声明，宪法的制定是为建立起统治的法则而非对民众的管辖。斯大林宪法虽有民主革新，但却同以往一样，将政府实权留给了决策的操控者——苏联共产党的党员们。

## 二

在斯大林宪法之下，看不见的政府远远重于看得见的政府。掌握着有效的政治权威的共产主义政治家，根据自己的章程——苏共党章，行使着最高权力。由于视党章为有序政府的必要基础，他们只要遵守了共产党的组织和法律程序，就可以将其影响力描述为是符合宪法的。

依照正式宪法产生的各类委员会和代表处的共产党员，必须尊重党代会的权威，执行党中央和政治局的决定。由于正式成立的当局要遵从相应的党的机构的指导和最有影响力的党员的建议，所谓的立宪政府也就与共产党的专政兼容了。

苏联共产党人所理解的斯大林宪法，是一项巧妙的党派发明，它通过征集苏联大众意见，来更好地体现被统治者与共产党在大方向上的一致性。看得见的政府以一种令人印象深刻的仪式表示许可，这种仪式给共产党的专政披上了一件体面的外衣，而又不妨碍政府的有效运行。

正式宪法程序也在苏联人民的政治教育中发挥着重要作用。苏联人民在学习着在共产主义政治家指导之下被统治的专政之术时，也学习着管理自己的民主之术。归根结底，政治教育体系是每一部宪法的映射，比起那些对苏联现行统治体系细致却浅薄的观察，斯大林宪法或许在俄国宪政发展中扮演着更重要的角色。

中国缺少一部宪法，仅有一部官方的宪法草案。中华民国曾制定宪法，但这些宪法与看得见的政府进程无甚关联。最近一部成文的 1923 年宪法，在定稿之前就已失信于民，颁布之后也无人维护其尊严。

南京政府为教诲人民，于 1936 年 5 月 5 日颁布了另一部成文宪法草案，若非日本侵略，或许早已投入使用。如今十一年过去了，宪法草案仍是留存于纸面似是似非的表述。

近代史铺就于宪法的残骸之上。宪法制定者常常为公民们献上一份他国行之有效的政治章程，这种勾起人们兴趣的文件能够被认可，却不易立即施行。

曾有一段时间，美国宪法广受欢迎。拉丁美洲革命领袖纷纷将这令人艳羡的政治信条翻译成西班牙语或葡萄牙语，却无法照搬并将宪法付诸实践。尤其是阿根廷、巴西与墨西哥，政府几乎全盘照搬，但现实里却与美国相去甚远。

英国宪法也吸引了众多模仿者，尤其在欧洲大陆。但这些对放诸四海而皆准的政治手段的原始热情，令希望借助英国成功模式改变现状的人们失望而归。

幸好，政治失策并非无可挽回。这一条政治准则最有力的证据，来自制定了备受推崇的宪法的英国。17 世纪，与同时代的人们相比，英国人长期遭受政治无能的困扰。人民与统治者的长期冲突以内战和革命告终。两位国王失去王位，其中一位为此丧命。内战的胜利者无力建立起稳定的政府，革命的胜利者请来外国王室稳定政局。许多英国人逃至国外，追寻他们在故土无法找到的自由。在欧洲国家享有威望的法王，不把同时代的英王放在眼里，与时俱进的政论家也认为英国体制低人一等。

18 世纪英国政治重拾威名，达到了前所未有的高度。在长期缠斗的战争里，尽管法国的人口、国家财富、军事威望、文化艺术都略胜一筹，但英军最终还是压制了对手。法国的爱国者急需为英国无可置疑的胜利找到合理解释。

最终伏尔泰与孟德斯鸠提出了一种理论，给出了与史实契合的答案。英国战胜人多势众、财富更多、似乎更为强大的法国，是由于他们享有更大程度的自由，这拜英国独特的政治宪法所赐。英国从前被广泛质疑的政治能力，成功转变为令人信服的非凡政治天赋。

18 世纪法国的政治声望黯然。在世纪之初他们的伟大君主路易十四为军事冒险和政治辉煌连年穷兵黩武。雄伟的凡尔赛宫是帝国权力的重要象征，但倘若路易十四未在全盛时代将大量国帑浪费于建筑与政治大业，他晚年也不会在身份低微的放债人面前蒙羞，他的继承者也将保住金融信誉与政治威望。

到了 18 世纪末，法国人对君主已经失去了信心，但未能在自己身上重拾信心。19 世纪，英国人视法国人为政治失当与无能之民族，这与两百年前法国人对他们的歧视如出一辙。

三

一国政治的声望因时而变。当英法两国的政治角色经受着不可预测的兴衰变迁之际，在远东舞台的中国也陷入类似的危机之中。

西方的路易十四登上权力巅峰之时，中国历史上最强大睿智的君主正稳坐龙椅。在明朝瓦解的纷杂与混乱之中，康熙皇帝建立了繁荣与光辉的新秩序。耶稣会传教士将动人的故事带回欧洲：在东方大地君王与哲人分享最高权力，温良的人民享受着天赋权力下的开明政府之福。

耶稣会士对于学者咨政的政治体系或许有着先入为主的偏好，距离遥远又令这个以道德而非法律治国的社会平添几分魅力。中华帝国的长处确实显而易见，称职的西方观察者的歌颂也与日俱增。对中国政体以及瓷器、书画的欣赏，在欧洲王室之间蔚然成风，凡尔赛宫尤甚。未曾经历路易十四光辉时代的哲学家与科学家，譬如德国的莱布尼茨和英格兰的威廉·坦普尔①，会在各自同胞面前比较法国与中国的政治体系，并对后者加以歌颂。

清廷的衰落降低了中国人政治能力的声望，正如斯图亚特王朝之于英国，波旁王朝之于法国。鉴于西方经验，在最乐观的情形下，远东政体与国格的复兴，也是极其艰难的。

## 四

当中国人投身于对经济秩序和社会文化的重建之时，他

---

　　① 译者注：威廉·坦普尔（Sir William Temple），17 世纪英国政治家，曾游历多国，对东方充满乌托邦式想象，坚信中国是以智慧与理性治国的理想国家。

们也被迫重新制定国家宪法。他们不得不在全球失序的废墟上重建一个世界性政权。自从中华民国宣告成立，已经整整过去了一代人。他们见证了西方世界两次血腥大战以及众多小规模冲突，置身于最猛烈的朝代更迭与政治革命中。

如果将欧洲人视为整体，而非英国人、法国人、德国人等，自辛亥革命以来，欧洲政治能力的声望并未强于中国。思想深刻转变的当代观察者见证了中华民国的成长，抛却了关于不同族群政治能力的不堪一驳的偏见。

因而，我认为，可以通过客观地审视中华民国及其宪法草案，来评判中国人民奋斗三分之一世纪以求其立足的究竟是何种共和。

当今举世皆知，辛亥革命并非废黜一个孱弱的王朝，也非为中央政府驱逐一方军阀。推翻清朝末代皇帝，依照中国历史传统，或许不过意味着新的王朝登台。清朝影响的消解，或许可以归因于中国对民权高于军权的强调，重拾孔子和平治国的权威地位。

然而，事实上，仅从政治现象来看，辛亥革命是两千多年前帝国初现之后意义最深远之事。它意味着，旧的儒教理论、帝国统治者及与之对应的传统政治哲学、伦理轰然倒塌，接受过西方政治学训练的新人取而代之。

就严格的政治概念而言，自从清廷 1905 年废止了基于儒家经典选拔公职人员的科举考试，中国的革命已经拉开序幕。昏聩的慈禧太后与手足无措的朝廷官员都注意到，放弃儒生、求助于新式武器与西方政治新思想的日本完胜沙俄。他们分析，在正确领导之下，中国可以仿效日本之路，但变革迫在眉睫。然而，清廷并非正确的领导者，因而被弃之如敝屣。

起初，这场不可避免的革命领导权掌握在清廷失去民心后仍在朝为官的儒生之手，但他们过时的学识无法解决新问题。经过儒家经典教化的传统官僚，对建立政治体系的见识，无非是重建一个新王朝。有了新式武器相助的帝制拥护者缺乏新的政治主张，只是希望维持统治地位，但逼迫旧官僚发动革命的新兴政治家早已对旧思想丧失了信仰。由儒家残余势力把持的新政府，不过是新瓶装旧酒。

## 五

帝制拥护者发起的帝国复辟失败，并不意味着革命者借助西方政治思想建立共和国可以轻易成功。不消说别的障碍，西方政治思想内部就冲突丛生。吸纳美国政治思想的革命者希望建立总统制共和国，受到英国政治思想影响的革命者则拥护议会制共和国，而在法国接受政治训练的革命者则更青睐多党制议会而非自诩合理的英式议会。

取经自所谓西方政治学的多元政治观念，让西方政治思想深入青年革命者之心，但也令他们如同儒家旧官僚一样效率堪忧。宪政之下治理良好的共和国未能成形，辛亥革命的政治影响仅是持续的派别之争，这令装备了新式武器的军事冒险家乘虚而入，与旧官僚和新政客共分一杯羹。

如今各地的政治学者已经心知肚明，在西方政治学里寻求指引的青年革命者太过关注西方宪法政府的有形结构，却忽视了宪法之外不可或缺的政党活动。美国宪法并未涉及政党，宪法的制定者坚称，要尽可能地将政党剔除出政府进程。但若非全国性政党之协助，他们缔造的宪法体系很难成为民众所接受的政府根基。长远来讲，政党之间的作用与反作用是政治体系稳定与进步的重要保障。

在英国，政治家鼓吹道，国王陛下最忠诚的反对派（His Majesty's Loyal Opposition）的存在与活跃使英国议会成为最令人满意的代表机构，这种互利体制是近代最伟大的政治成就。在法国，多党政治的风头盖过两党政治，但法国政治家在政党问题上赞同英国人：即便宪法没有清晰界定，政党仍是政府的必要基础。

近代共和政体的第二个基本原则效法俄国人的做法，那就是：一个组织严密政党的一元化统治，是实现大革命目标的最有效手段。在保障党魁进取自由和敌对政党公平竞争的政治体系下遴选出的优胜者，常常只能完成小规模革命。杰斐逊拥护者将杰斐逊对于联邦党人的胜利称为革命，一代人过后安德鲁·杰克逊支持者的观点如出一辙。然而，伟大政治变革需要强力坚定的领导者，而非普罗大众的赞许。大革命的领导者需要尽可能迅速地争取非凡的创造力，以便将长远事业推入轨道，而不是急于取悦被统治者。他们相信，时间会为自己对权力的使用辩护，而大量的分歧不过是来自计划推翻的政权之敌意。

政党成员之间的深厚情谊、维持革命行动向心力的牢固目标、接受指定领导者决策的既有倾向、目标一致的努力与坚定原则是高效革命组织的必要因素，这正是俄国革命者的经验。

对偏离政党路线这类错误的宽容，在党内恐无一席之地。思想和政治行动自由，或许是革命果实成熟后追寻的目标，但此种自由，在革命政治看来，并不是可行的手段。

中国革命者需要几年时间来吸取这些教训，最初他们只得共和之名，国家仍在旧儒生与新军阀的掌控之中。如今他们意识到，在通过管理政党组织积累实际执政经验之前，他们无法夺回中国政治大权。

当孙中山与共产国际代表达成重组国民党的著名协定之时（参见 27—28 页①），革命者的舞台终于到来。布尔什维克政治家为国民党提供了新型党组织、新的宣传技巧和新的政

---

① 译者注：即本书第 39—40 页。

治技能。不过，孙中山仍坚守着联邦主义的旧梦。他相信，俄国共产主义者通过无产阶级政权已经印证的近代政党专政，能够为中国建起民有、民治、民享的政府扫清道路。

俄国一党政府的思想，为中华民国发展注入了新活力。经历一系列运动热潮，国民党在广东得到重组，一支有力的军队组建成功并投入训练，政权扩张和重建中国的计划也成熟起来。孙中山诠释了三民主义，勾画了建国方略，又留下了政治遗嘱。具备了新武装、新议题与新精神，国民党与共产党盟友一道，为争夺政权奋斗。这一次他们结束了军人对中央政府的支配，将旧儒生残余势力逐出政府。

军事与政治上的成功与接踵而至的政府责任很快揭示了共产国际与中华民国无法兼容。两者的不睦，令苏联统治者认清了世界范围内的共产主义和在一国建立社会主义的不同可能性。斯大林放逐了托洛茨基，蒋介石疏远了鲍罗廷。两位革命领袖心照不宣地分道扬镳，让苏俄共产党专注国内事务，令中国国民党专心于中国问题，这对两国日后的革命发展都大有裨益。

与共产党的分裂以及在南京建立国民党中央党部没有打乱国民党领导者们的计划，他们的终极目标仍是在孙中山的三民主义基础上实现中国复兴，但国民党从共产主义者那里学到的一党专政理论面临着严峻考验。

根据这一理论，国民党须在编纂一部成文宪法之前将大权独揽。依靠军事力量，国民党可以在立志以西方模式建立起政党竞争的中国政治家中间强制推行专政，但这却不适用于共产党。对于在中国实行何种革命，中国共产党有着自己的思想，并不希望服从于对未参与革命者独裁的国民党。他们也计划建立政党统治，使之成为另一种体系的训政。

在革命时代，任何一种专政的高效运行，离不开迎合民意，至少在革命者内部达成默契。共产党不赞同孙中山以社会民主国家取代他们梦想中无产阶级联邦的观点，于是他们不放弃自己建立政党统治的努力。这一革命见解的分歧，令一党统治的致命弱点显露无遗。在相互竞逐的革命运动里争夺政治权力的垄断，会加剧每场革命里都不可避免的失序与纷争。

法律面前政党平等，是自由宪法之下的共和国向人们灌输公民责任的必由之路。当投身于民主宪政共和国建设的各党派接受了执政党的领导之时，民权自由和地方自治才能水到渠成。显然，一个国家无法同时容下两个专制政党。所有政党都最终认可自由竞争的体系而非一党统治之时，专制政党就要退出历史舞台。

达成一致的基础一定是广泛认同，至少是宪法秩序下追随革命领导政党的各路政党之认同。在中国，这种一致是否有望达成，归根结底，必须取决于国民党宪政进程的合理性。对此，国民党领导人内部尚无严重分歧。

# 六

国民党领袖在南京建立临时政府之后，着手制定五权分立的宪法纲要，这既遵循了孙中山最初的方案，也不令国人感到陌生。十一年前颁布的宪法草案，意在用最精准的方式，将孙中山建国方略的基本原则变为现实。

我们不需要检视五权分立宪法的细节。以美国人的视角来看，不得不说它的革命性乏善可陈。即便对其赞同，对美国人来说，分权而立的原则也并不新颖。孙中山仅仅是在传统的立法、行政、司法三大政府分支上，增添了考试基础上的人事任用以及财政审计、行政监察两项为人熟知的职权，将之抬到了与宪法权威和尊严平起平坐的地位。

他相信，政府权力如此分配，可以建立起强有力的政府，而又不会过度损害公民的自由。对他的中国同胞而言，考试选拔的公职招募，是祖上的光辉遗产，而财政审计、行政监察的新部门则代表着受人尊敬的监察权力。他们期望可以信任这一巧妙均衡的近代政府，它拥有着充分权力，可以成功运转并服务社会。这样的政府，会得到西方政治学家的欣然认可，也能很好地服务于历经启蒙的人民，而无须冒脱离大众的风险。

孙中山的五权分立，是西方政治学与远东政治哲学的巧妙结合。如果说他在宪法政府最终建成之前的训政时代实行一党统治的设想有西方政治学里共产主义分支的浓重痕迹，那么他的宪法政府设想里非共产主义的痕迹也不遑多让。

但孙中山不曾忘记，他是为中国人民制订的复兴计划。他心中牢记众人皆有享受良好政府与自由之福的平等权利，但他不接受所有人在政府进程中扮演平等角色的西方观点。他深知，自己面对的是一个尊重论功行赏与热衷于参与管理公众事务的民族。

需要延请学者参政的传统反映出一个既有观点：政府应该兼顾效率与民意。对他来说，制定宪法与其他公众工程类似。一幢大楼的建筑师负责制定规划，工程主管和监工负责依照蓝图监督结构正确与否，普通工人负责在脑力劳动者监督之下将建筑材料垒入正确位置。

因而，孙中山判断，在远为复杂的政府事务上亦应如此。一部明智的宪法必须提供必要的劳动分工与人民内部合理的职权分配。有充足理由相信，国民党领袖不会自欺欺人地认为，与中国传统政治哲学并无二致的宪法政府体系，能够被中国人民接受并行之有效。

## 七

对中国国民党宪法草案与苏俄共产党所谓的斯大林宪法的差异的比较，主要集中于革命过程。两者都是专政时期用于帮助巩固一党统治的教育基础。两者也都收到了以政党权力记录被统治者意愿并将之付诸实践的效果。两者都保障一党统治，直至自由的人民拥有了参与代议制政府运转的政治技能。

可以推断，它们都更适应各自国家人民的需求与能力。然而，它们在很大程度上要更加适应看不见的政党政府，斯大林宪法刻意而明确，国民党宪法含蓄但无可避免。因而，各自国家都要仰仗占主导地位的政党之下的纲领。

对于中华民国而言，五权宪法，在西方政治学意义上，似乎无法满足如今中国共和政府发展的现实需求，宪法草案则不然。大体上，国民党宪法与苏俄共产党宪法相似。实践中，从党内民主的角度，共产党宪法留足了空间，直到在第二次世界大战前苏俄共产党大规模修改了宪法。但苏俄共产党花了大力气招募党员，尤其是年轻党员。

在中国，政党基础向民众尤其是年轻人的延伸，却不那么有效，至少在第二次世界大战前是如此。在共和国发展中，对于一个领导者大致以巩固必要的教育基础来掌控政权的政治组织而言，在年轻人里积极招募新成员至关重要。

这一点对中国革命的成功并非不可或缺，但国民党的组织和对政权的垄断都不如苏俄那样紧密有力。苏俄共产党投身于国家重建的重任之中，其政治经济变革的激烈程度远超

国民党为中国谋划的革命。（见第 56 页①）

　　国民党提出，掌控公众利益领域里资本家系统的发展，但并不提倡消灭资本家。他们提议为土地上耕作者的生计变革农业体系，但并不考虑摧毁土地所有阶层。他们意欲令革命领导权掌握在接受现代教育者之手，但他们在教育阶段不对不同阶层的儿童加以区分。推进这一进程不能指望着某一特定阶层的觉醒，或是将持不同意见和不遵守规则的人完全驱逐出政府。

　　中国革命的独特成就，正如前文所示，是在政府公职中，用受过近代教育尤其是西方科学教育的人取代了旧式儒生。推翻清廷，如果被视为独立的政治行为，与中国历史上的大规模动乱并无太多本质差异。这一结局是西方政治学与远东政治哲学杂糅的独特产物。

　　在中国，训练公职官员的革命，并未脱离维持公序的基本思想。对读书人的尊重仍在继续，尽管他们所受教育的角色已经转变。政府由智者能者管理的需求依旧，尽管对智与能的评断或许不同。良好政府由当权者道德权威维持而非仅由强权暴力胁迫的古老信仰，在混乱割据与内战后仍保留下来。

---

　　① 译者注：即本书第 73 页。

# 八

或许可以说，挑起阶级敌意、煽动不必要的国内矛盾与混乱的革命领导者，不太可能在这样的人民中间呼风唤雨。在中国，政治躯壳也是传统上的道德躯壳，人们坚持的就是西方定义里的道德法则。成功的领袖需要兼具道德尊严与政治技巧。

孙中山领导的革命，远远超越了中国传统的大暴动，但它在某种程度上并非像马克思主义者在苏俄那般突如其来的社会经济大洗牌。同西方相似，中国应期许社会经济大变革，但需要稳扎稳打，恰如其分。在一个有着古老文化和辉煌传统的大国引入西方科学和适宜的政治机构而不损害公共秩序的道德基础，并非易事，也不能一蹴而就。所幸，睿智的西方政治家已经理解了这一问题。华盛顿会议的坚定原则就是，中国应该自主选择领导人，国内事务自决，尽可能排除外国权力干扰。

幸运的是，许多国家至今坚守这一原则，让中国人得以沿着自己的道路建设新的共和国。随着中华民国作为受尊敬的成员加入联合国，这一优越政策达到巅峰。在变革与挑战的时代，无论它的终极目标何在，作为良好国际关系的必然结果，中华民国未来发展的前景都会被全世界热爱秩序与进步的人们满怀信心地期待。正如孙中山曾经说过的：知难行易。

# 国际关系
## INTERNATIONAL RELATIONS

〔美〕昆西·赖特 撰

安梁 郭宇昕 译

　　直至第一次世界大战后国民党崛起，现代中国在国际关系领域一直处于被动而非主导的地位。人们脑海中与学者笔端，有着英国、法国、美国、俄国、日本以及"中国诸强"的概念，他们不会将中国视作或写成一个政权。

　　事情并非一直如此。在漫长历史上，中国有着智慧的富矿，也不乏政策制定与管理的传统。与其他国家一样，中国既有统一、扩张的时代，也有分裂、衰退的时代。但在 19 世纪末 20 世纪初，这个国家似乎已沦为一个地理表述、一群乌合之众或一种古老文化。国内诸强的不睦与分裂日炽，中国甚至连上述概念都难以维系。

　　然而，这样的预期，有些言过其实。在最黑暗的时候，中国依然是一个国家，尽管它规划与实施外交政策的能力处于低潮。1932 年日本代表在日内瓦声称："日本政府不会，也不能，将中国视为《国际联盟盟约》所定义的有组织之民族。"[1]

　　在这个层面上，蒋介石在 1934 年 7 月庐山军官训练团演讲时也曾提及："照军事的观点看来，我们现在真是没有立国的资格，不配称为现代国家。"[2]

　　此类表述，或为政治、宣传之用，不可当真。所有国家，

_____

　　[1] 此句见《李顿调查团报告书》，1933 年，第 17 页，系日本 1932 年 2 月 23 日向国际联盟理事会之陈述，引自昆西·赖特：《远东冲突的法律问题》，纽约，1942 年版，第 51 页。
　　[2] 此句见蒋介石发表的《抵御外侮与复兴民族》，引自大卫·内尔逊·罗维：《列强之间的中国》，纽约，1945 年版，第 13 页。

只要历史足够悠久，都会经历动荡、叛乱与社会分裂的阶段。有时这些状况会永久性摧毁国家的统一，但一些国家在动乱后展现了强大的恢复能力。中国在过往经历了相当长的失序，但它作为国家的持续性并未被打断。如今，在距离贫弱岁月仅一代人之后，中国已经正式重返世界五大国之列。

一

尽管是尤为古老的国家之一，中国在近年才重新成为大国，这一地位的用武之地还在未来。五大国，是世上仅有的人口过亿的国家①——法国与英国国土面积相对较小，从海外的领地及属地获取维系大国地位的土地、人口与资源；苏联与中国，则有着广阔领土和密集分布的众多人口；美国位置居中，海外领地不如法国、英国，国土面积逊于苏联、中国。

正如18世纪的法国与19世纪的英国，美国有望在20世纪占据支配地位。人口更多、领土更广的苏联，在资源得到更充分利用后也会奠定大国根基。而人口最多的中国，若欲获得与之相称的地位，须待人文、工业、交通与凝聚力的长足进步。

法国与英国的外交政策，不可避免地受制于往日传统，

---

① 译者注：此说应是将英法属地计算在内。

以及伸向全球各个地区触角的重负，这种负担不啻他们自身不易满足的欲念。美国则不那么担心海外领地与帝国威望，更热心于独立宣言声称的自决与人道主义思想，能够更轻易地令政策适应新形势。苏联与中国摈弃了古老的帝国传统，革命思想又尚待普及，因此在政策调整方面具有最大的灵活性，对于世界而言，两国的此种状态本身既蕴含着希望，又饱含危险。

中国的外交政策，鉴于其朝向未来而非依赖过去，鉴于其来自潜在可能而非现实状况，鉴于其倚仗世界秩序的长期稳定而非国内权力的占有，最难下定论，但或许影响最为深远。如果中国得以继续改进外交政策，在对当前积弱的认识和对未来崛起的期望之间找到平衡，如果这些政策值得信赖，能够博取其他大国的物质支持，我们就极有信心期待天下太平了。

然而，满足这些条件所面临的困难不应被轻视。中国务必要让当前条件与未来预期之间的鸿沟迅速缩小。能够维护边疆安定并在联合国理事会掷地有声地发言的统一中国，是维持世界和平与秩序之所需。中国与苏联绵延的国境线，是世界危险的聚焦点。如果苏联继续推进政治统一、人口增长、经济发展的大趋势，而中国仍留有政治真空，边疆将难有宁日。这一动荡可能催生变故，导致敌意甚至世界大战，一如1931 年中日边界争端以及 1939 年苏德缓冲区之争。接下来的部分，就要考量中国地位、安全、繁荣与国际协作问题。

## 二

由于在国际法体系中处于被动地位， 1839 年又在与西方第一场现代战争中大伤元气，在 1911 年清朝崩溃、民国初兴之际，中国的当务之急是在国际社会争取平等地位。对中国的侵略包括：强制主权谈判下的领土割让、租界、居留特权与势力范围划分。中国还遭遇了国内司法权分割、协定关税的不平等条约、治外法权、外国军队驻扎，许多政府部门被外国人控制。①

与这些侵略如影随形的，是对海外华人的歧视侮辱。在许多国家，华人被排斥在移民之外，也被限制入籍。获准入境的华人，也时常遭受不平等待遇。②

尽管中国没有寻求收复缅甸、印度支那、苏联远东沿海各省等曾向清廷称臣纳贡的地区，但它意在收回 1900 年得到确认的全部主权，既包括东北、蒙古、新疆与西藏，也包括十八省，同时消除外国飞地与特许权的存在。

---

① 昆西·赖特：《远东冲突的法律问题》，纽约，1942 年版，第 10—17、67—82、109—114 页。

② 同上，第 23 页；Tso-chien Shen：《排华意味着什么》，华美协进社，纽约，1942 年。

　　就此而言，中国已经在很大程度上获得成功。第一次世界大战之后，德国与奥匈帝国就放弃了所有的租借地、关税特权及治外法权。1919 年苏联宣布放弃沙皇时代获得的所有帝国主义特权，在 1924 年的中苏协定中又部分重申了这一决定。然而苏联在中东铁路的利益一直持续到了 1935 年。另外，尽管苏联在几个条约中确认外蒙古是中国领土，但却从未放弃在那里的利益。

　　1945 年 8 月各国放弃权益的声明，或许将为中国带来转折，这留待日后观察。自 1928 年至 1930 年，在新条约中，所有缔约国都将关税自主权交还了中国。1930 年交还治外法权与特许权的进程也已起步，却因 1931 年日本的侵略活动而被搁置。经由 1943—1945 年中国与美国、英国、法国签订的条约以及日本于 1945 年 8 月战败后接受了《波茨坦公告》，这一目标最终实现。

　　在法律上，中国恢复了领土主权，然英占香港及其毗连的九龙、葡萄牙占领的澳门、苏联根据 1945 年 8 月所签条约占据的东北地区、在该条约中被暂时认定独立的外蒙古尚属例外。实际上，1947 年还有一些日军非法滞留，苏联、美国、英国也在一些地区拥有驻军。

　　1867 年的条约里，中美协定移民方面的互惠权利。因而，美国颁行排华法案，遭到了中国抗议。1904 年抗议演变为激烈的抵制运动。不过，随着 1943 年 12 月的法案出台，美国允许华人入籍并给予华人比肩欧洲的移民配额，以消解官方对中国国民的不公待遇。同样，其他国家也取缔了官方的对华歧视。

联合国许诺："不分种族、性别、语言或宗教，增进并激励对于全体人类之人权及基本自由之尊重。"1919 年日本强烈建议将这一原则写入《国际联盟盟约》，遭到西方列强拒绝，如今终于被接受。[①]如此一来，中国如今不仅实现了领土主权的平等，也为海外国民争取到了地位平等。

第一次世界大战后，中国争取获得一个国联理事会常任理事国席位，以跻身大国之列，却徒劳无功。然而，第二次世界大战里中国对日本的成功抵抗，使得它在 1943 年召开的莫斯科会议和开罗会议中，赢得了成为联合国重要会员国的认可。中国还参加了 1944 年敦巴顿橡树园会议，最终在 1945 年旧金山会议签订的《联合国宪章》中获得了联合国安理会常任理事国席位。

## 三

中国政治家承认，只有能确保国家统一、秩序安定、行政公平，恢复领土主权、法律平等以及重获大国地位的成就

---

① 昆西·赖特：《亚洲必要之人权》，《远东调查》，1945 年 3 月 14 日，第 53 页。

才名副其实。大国地位不仅取决于人口、疆域、资源与官方认可，还关乎国家统一、国家精神、高效的民事与军事管理、工农业资源有效利用等。1947 年中国国民政府通过宪法，吸纳西方民主与苏联政党思想，将中国传统政府角色一分为五：行政、立法、司法、考试、监察。

国民政府面临着国民党与共产党的纷争。在调解国共斗争的同时，中国也在寻求工业发展，推进合作社运动；大范围推广教育人文；拓展铁路、航空和其他交通系统；建设高效的军队和行政机构；革新目前陷入通货膨胀的货币体系；促进土地改革——这或许是诸多问题中最为艰难的一项。这些国内政策，在我的研究领域之外，但实现进步的前提，是中国维持住来之不易的国际地位并执行外交政策。

同样无须否认，中国实施这些国内政策的成功概率很大程度取决于外交政策的成功与否。尽管能够熟练地运用空间、人口、时间与结盟抵抗日本，中国凭借自身军队和资源进行防卫的能力还需要依靠国内政策的成功来实现。与此同时，中国务必通过邻国的信任和对联合国程序的遵从来寻求安全。1920 年代国内动乱之际，类似的信任给予中国些许安全，1930 年代则不然。国内力量式微之时，中国在依赖此类安全的阶段里，被严苛限制且前途未卜。

由于战败被解除武装，在很长时段内，日本无力作歹。中国与苏联签署过互不侵犯条约，也尚在华盛顿会议与美、英、法等国缔结的《九国条约》庇护之下。华盛顿会议达成的协定，构建了远东的地区格局，但这一格局并不稳固，因为苏俄并不在缔约国之列。中国亦可主张在联合国的框架下重建远东格局。中国人①已经尝试推动这一格局，也势必符合《联合国宪章》的条文。

不过，鉴于中国是联合国安理会常任理事国，重建地区格局似乎有些多此一举，远东各国可以在联合国开展讨论。中国很可能会借助安理会及联合国大会这种广泛的论坛，构建主要的安全机制。

## 四

此外，如果没有国外的物资援助，中国的改革也就无法迅速推进了。中国将向美国寻求贷款与技术支持。贷款的一部分将用于一些总体目标。但一些具体的项目里，比如田纳西流域管理局在长江流域管理的帮助上，将会激发人们更大的信心。而这些项目已经在规划当中了。

在请求技术支持时，中国更倾向于通过联合国行事，以避免被某些帝国主义国家施加影响。国联于 20 世纪 30 年代派往中国的技术委员会在医疗卫生、金融、教育、农业和交

---

① 周鲠生：《赢得太平洋上的和平》，1944 年版，第 61 页。

通等领域都发挥了很大的作用。①事实上，日本发动侵华战争，也有一部分原因是这些委员会的高效率以及中国政府按照他们的建议取得了成功。

## 五

在这个联系日渐紧密的世界上，每个国家在考虑本国的地位、安全和繁荣问题时，都无法抛开其在国际秩序中所扮演的角色，他们必须努力使本国的政治与文化能够在这个秩序里得到安全保障并且足以繁荣发展。中国素有伦理政治和尊重民众的传统，其官僚体系通过人人皆有资格参加的考试来选拔官员。而在第一次世界大战后，中国的外交政策开始试图通过有效的国际组织来关注国际法原则的确立。中国已经接受了孙中山的"三民主义"——民族、民权、民生。② 国共两党均声称信奉三民主义，尽管共产党坚持认为国民党在拖延三民主义的实践。

如果中国的外交政策基于以上，那么它将朝着维护这样一个世界而发展——这个世界将践行《联合国宪章》宣告的

① 太平洋国际学会：《太平洋问题》，1931 年卷，第 61—62 页；1933 年卷，第 194—198 页；1936 年卷，第 406—407 页；1939 年卷，第 135 页。亦见于由国际联盟秘书处提交给太平洋国际学会会议的论文。
② 林百克：《蒋介石的中国》，1941 年版，第 252 页。

原则，以法律消除战争，和平解决国际争端，持续推进国际合作，帝国主义也将逐渐被削弱直至各殖民地实现托管与民族自决。与这个国际秩序理念相一致，中国也将支持朝鲜半岛、中南半岛、马来西亚与荷属东印度群岛的自治，并在适当的时候支持他们实现民族独立，就像支持菲律宾独立和印度、缅甸的自由一样。中国的一些知识分子甚至坚称实现了非军事化和民主化的日本同样有权实现民族独立，并且最终成为联合国的成员。①

这些政策应该能得到美国的支持，但法国和英国对此可能就要犹豫了，因为这两个国家在亚太地区还有不少资产，而中国肯定希望英国归还香港和九龙。②中国倾向于一个完全自由的亚洲而非半自由半殖民的亚洲，而且这自由应当与帝制下的秩序不同，是真正可以享受到的。

中苏关系将会是最棘手的。虽然苏联在 1919 年发布的第一次对华宣言里表达了其反对帝国主义的立场，但苏联却和沙俄一样对中国东北、蒙古和新疆地区表现出了持续的兴趣。苏联也用行动激励中国共产党，有时甚至直接提供物资援助。但中国的国民政府似乎并不愿意加强与苏联西伯利亚

---

① 周鲠生：《赢得太平洋上的和平》，第 8 页；胡林（Hu Lin 音译）：《如何应对日本》，《外交》，1946 年 1 月，第 24 卷，第 253 页起；袁辰（Yuan Chen 音译）：《战后外交政策》，《外交政策报告》，1943 年，第 19 卷，第 233 页起。

② 亨利·阿加德·华莱士：《我们在太平洋地区的工作》，太平洋国际学会第 12 号小册子。

地区的联系，即使苏联表示愿意通过这一渠道向国民政府提供武器援助。国民政府宁愿维持滇缅公路与外界联系，因为它担心一旦修好了中俄之间直接联系的通道，中国共产党就将得到更多支援来对抗国民政府了。①

中苏关系目前由签订于 1945 年 8 月 14 日的《中苏友好同盟条约》来维系。该条约遵循了斯大林、罗斯福和丘吉尔在雅尔塔会议上所达成的共识。该条约要求两国团结一致对抗日本，不得与日单独媾和，应合作解除日本武装，不得加入任何反对另一方的联盟，并声明两国相互尊重领土完整，互不干涉内政，战后重建中应实现经济互助，并且尊重战后建立的联合国组织。互换的照会中承认了中国对东北的主权，并承认外蒙古独立，如果那是其人民的意愿。

补充协议还宣布大连将作为自由港三十年，在此期间由中国管理，但须有部分苏联官员参与其中。同时，旅顺港与辽东半岛大部由中苏共管三十年，在此期间旅顺港为苏联保卫的海军基地，苏军有权在此保留驻军。另一份补充协议中规定苏军在中国东北应做临时性的停留，但在 1945 年 7 月 11 日的会议记录中记载，斯大林在给宋子文的声明中承诺苏军将在日本投降后三个月内撤离中国，而中国政府在之后一

① 欧文·拉铁摩尔：*China, Turkestan, Siberia Supply Road*，《太平洋事务》，1940 年，第 13 卷，第 393 页起；桂克礼（Harold S. Quigley）《1937—1941 年远东的战争》，1942 年版，第 260 页。

系列的谈判中似乎已经同意延长这一期限了。还有一份补充协议则规定中东铁路与南满铁路接受三十年的共管。①

通过这些协议，俄国获得的权益并不如 1905 年以前它在中国东北攫取的那样多，也比不上 1905 年以后日本所享有的权利，然而在这三十年里，苏联仍会拥有极大的政治与经济特权。虽然苏联保证尊重外蒙古的独立与领土完整，但这个国家毫无疑问必然倒向苏联。苏联暂时退出了中国新疆，但这个地区与西伯利亚有着天然的商业联系——而不是与中国内地。

中国一直表示要与苏联保持友好关系，并且似乎有信心维持这种关系，但 1945 年 8 月签订的这一协议对中国来说无疑是做出了相当大的牺牲，而这种牺牲是中国在雅尔塔会议的巨头集体施压下不得不接受的。假如国界已经明确划分，中国无疑愿与苏联共同制定一项能够解除边境戒严状态的政策，并希望这项政策能够行之有效，就像 1817 年《拉什—巴格特协定》（*The Rush-Baghot Agreement*）确定了美国与加拿大的不设防边境一样。然而，据称苏联在中苏边境的己方一侧驻扎重兵，上述协定的达成无疑还需要相当长的时间。

中国的政策毫无疑问将致力于维护其在西藏、内蒙古和东北地区的主权，特别是东北这个对中国经济发展至关重要

①《美国国务院公报》，1946 年 2 月 10 日，第 14 卷，第 201 页起。

的区域。为此，中国将依靠它与苏联签订的条约，并利用联合国安理会加以维持。然而，这一成果能否长期有效取决于中国国内主要问题能否解决。中国国内问题解决了，边界的划分、裁军和稳定问题也将相应解决。

本文认为中国的国际关系将有可能动荡一段时间。然而，中国能够在其领土内拥有完整主权，有机会实现统一与稳定，也能够规划自己的外交政策。此外，中国拥有联合国安理会常任理事国的身份，这使中国有机会在维护其权益时得到列强与世界舆论的支持。

如果中国的领导人和民意能够随机应变，那么中国将为自己的发展、亚洲的安全和世界的和平做出巨大的贡献。

# 南开经济研究所
## THE NANKAI INSTITUTE OF ECONOMICS

〔美〕康德利夫　撰

陈熹　译

　　南开的全部事业，包含经济研究所在内，代表着一种信仰。倘若一间机构是一个人的影子，张伯苓博士早已投下修伟的身影。而且，这身影将变得更为修伟，生长成一个从战争中重生的新中华，于世界列国中独居一席。

　　南开的系列中学和大学诸机构萌蘖于一间小小的私人课堂，最终成就了一桩大业。从来蛮房构难，先毁文物。侵略以来数周内发生在南开之破坏，盖为对张伯苓事业的无上赞颂；张博士为他的人民带去的真理，将使他的人民得以解放。

一

　　中国在 19 世纪被拉入西方世界的贸易轨道。照汤尼先生的话说："现代的流苏被缝到了古代的衣服边缘上。"①不过，仅仅把西洋的贸易文化像表面装饰一般贴附到中国传统文化上，那可远远不够。要评论 19 世纪的贸易，或许得从这个体系与亚洲沟通的失败谈起，那些西方物质进步所仰赖的基础知识和理念，从未和亚洲有效地交流。

　　近代贸易搅乱了古代手工业，也搅乱了社会和政治秩序。

---

　　① 译者注：汤尼（Richard Henry Tawney，1880—1962），英国伦敦政治经济学院教授，经济史学家。引语出自其著《中国的土地与劳动》，本书是汤尼1929—1930 年来华期间，根据南开经济研究所图书馆藏图书资料与研究报告所撰写的，"对当时中国的贫穷和地区发展不平衡进行了深入探讨，还指出英国经济发展和工业化过程给中国的经验教训"。

这是无可避免的。中国无法继续活在"独轮车时代"。但是技术能力、经济组织，以及它们背后的科学知识，总是来自西洋。中国备尝痛苦，才对这些有所了解。虽然颇有一些中国青年男女受到了科学时代的训练，可是，纵使他们个人能力突出，这些先驱人物的数量却少得可怜，所承担的职责又过于繁重。过去奇迹般的社会重建是他们的工作成就，而中国的未来前途将由他们来实现。

然而，仅仅有技术性知识的传播以及与先进的工业化世界的交流还不够，中国所需远逾于此。中国需要重建其社会结构，一方面要利用它古代文化中的强健与持久之处，另一方面则需要吸收现代的科学理念与技术。

张博士自有眼光，他知道这样的考验只有中国人能尝试完成。外国人，不论他多么有能力，多么有同情心，总没法儿懂得中国社会中种种难以逆料之事，以及诸多压力和艰难。尽管像中国古代文明这样根深叶茂的复杂有机生物也可能枯萎，但它无法一夜之间就改头换面。西方世界的政治、经济以及社会结构无法移栽，旧有的结构也无法连根拔起。但是，新知识可以嫁接到"旧干"上。

最终，中国的重生必然延伸到社会生活的各个方面。一种结合新与旧的新哲学必须被创造。社会机构必须如以前一样，吸收新的紧要的思想，加以消化，并从中得出新的必需的能量。整个教育过程都涉及这种重生改造。

　　然而紧接着，经济变化的影响成了打破中国平静的尤为重要的因素之一。中国曾做了尝试，但事实证明它不适合走西方具有侵略性的工业化道路。虽然外国人只聚居在有限的几个沿海口岸，但是他们带来的机器时代终究难被中国完全消化。即使远在内陆，人们也能感受到外国贸易公司的影响，它们正与传统的生活方式激烈碰撞。哈蒙德夫妇所谓的"纺织工的漫长悲剧"①何止限于英国羊毛布料工人。亚洲的农业经历了更为漫长的炼狱。在现代化的最初任务中，研究使中国驾驭工业发展浪潮之途，以免被其吞没，是最紧要的。

## 二

　　这是南开经济研究所的缘起。在它最早的、初创的年月里，它点亮的微小烛火对于一个外国人来说，正如一束明亮而具有穿透力的光芒，使之看清中国幽邃难辨的未来。

　　那是个纷乱的时代。中国尚未统一。军阀内斗频仍，同时弹压着微弱而不断增长的民族主义运动。旧体系中花样百出的腐败，外国人早已习惯处理，并借此牟利。他们的工厂建在"特权岛"上，为内地市场生产需求日益增多的货物。

---

　　① 译者注：引语出自英国经济学家约翰·劳伦斯·勒布雷顿·哈蒙德（John Lawrence Le Breton Hammond，1872—1949）及其妻芭芭拉·哈蒙德（Barbara Hammond，1873—1961）所著的《技术工人》一书。

他们的商行将货物运往海外。他们的代理人不仅管理着他们自己的租界，还管理着中国与外界的联系。贸易税中产生的收益主要用于支付中国的债务——中国于此并不总能获利。

在外国租界的外围，新式的工业、商业、银行组织开始出现。在不可避免的严酷竞争中，其他国家在工业革命初期阶段经历的剥削与不幸，看起来将要轮到中国重蹈了。

张博士为经济研究所拣选配备的人员，是经西方分析方法优良训练的年轻经济学学者。他以独到的眼光拣选的人员，具有相辅相成的品质与经验。这些人现在都是中国经济思想的领军人物，其中一些还身居高位。他们为他们的事业带回来的知识，关乎先进工业国家发展的经济演化，也关乎他们专业中外国领军人物所应用的经济研究技术方法。不过真正给他们带来丰硕工作成果的，是他们在收集分析中国材料时对这些工具的应用。

外国人或者受过外国训练的中国学者，相对更易得出这样的观点：比照中国用了几个世纪的技术，西方经济生产中自有更胜一筹的经验方法。此种例子俯拾皆是。比如美国人建造了宏伟的大坝以及精心设计的灌溉系统，利用降水产生电力并且（如果需要的话）用部分电力泵水流过水渠。中国农民则需耐心地踏着水车把溪流导入沟渠。

当一个飞机场需要平整，数以千计的工人需箕畚负土，而一台推土机完成这项工作只要花几分之一的时间和几分之一的花费。我们容易跳转到这样一种吸引人的结论中：中国需要的是最现代的工具，以及经济生活的完全转变。

这个结论更吸引人，因为它是部分属实的。中国确有些基本的需求，完全可以由最现代的大型机械满足。中国不必重复其他国家改进这些机械所经历的缓慢过程。只要有了最基础的设施支持，像火车、汽车甚至飞机这样的交通工具就可以马上被大量利用。由此可见，对这些工具的需求一直存在，只是没有彰显出来而已。种类繁多的公共设施，非得大规模集中装配不可。

这些虽然都属实，也很重要，可同样真实的是，在任何国家，特别是像中国这样的国家，大部分经济活动乃以更细微具体的方式运行。土须得翻，种须得播，庄稼须得浇灌、培育、收割。日用品须得获取，食物须得烹饪，本地生活中各种修补、供应、买卖须得施行。即使长江上有座大坝，即使有横跨全国的公路网，中国乡村中的生活要适应起这些革新来也会十分缓慢。

在这种适应之中，巧妙的引导成为必需。要适应的工具须得简易，这就需要聪明才智。从邮购目录册上订购电机泵很容易，然而应用机械原理将其改良为更简易的水车泵则需要创新，以使农民安装得起并懂得使用。小发明、小装置，倘能够弥平传统手工艺和现代能源生产之间的鸿沟，对它们的需要则是广泛而迫切的。只有那些掌握科学原理、并能进一步参照中国的需要而重新思考它们的应用的人，才能在现代化的道路上帮助农民。

<br>

## 三

技术如此，经济分析更是如此。在今日的中国，经济思想和特定国家、特定时代环境之间的联系已经被充分解释。传统经济学的教条在 19 世纪的英格兰已经被踢出门庭。这种理论的倡导者中有些眼光更清晰的，已经充分意识到这种分析所依赖的基础是由预设假定、逻辑推演得来的高度抽象的系统。为分析而建立的经济行为模型，其设计是为了强调经济活动中的某些因素，以解决当前的难题。

因为有了这一套形式逻辑，假设中的结论就显得含混不明。这些结论强调私人企业的创造性活动，以及在假设情形中的公司在自由竞争市场中总是趋于取得平衡的自我管理、自我修正。在 19 世纪，也有别的模型被建立以做分析之用，它们强调经济活动中其他的不同方面。与此同时，作为对此种抽象理论的反应，大量且不断增多的描述性研究开始出现。

这些研究，无论分析性的抑或描述性的，能为转变时代中的中国提供些什么呢？毫不调试地移植这些研究理念或成果，容易流于不切实际，且背离学术。无论在教学中还是在经济实践中，都不可能将美国或欧洲的专门研究教科书直接投入实际应用。一本基于西洋实践而写给西方读者的书，无论是关于公司金融、工人组织、市场、生产或者经济活动的任何其他方面，都必须经过修订才能使用。勤奋的学生可以在课堂上记诵，在考试时默写，可这就像沃尔特·李普曼[①]说的，"对他们别无他用"。将此种教学置于实际中的任何尝试都是灾难性的。

重写文字，把西方的事例换成中国的，这同样不够——这种方式在如英国与美国那样基本相似的经济模式下或许可以，虽说这仍可能很危险。在与西方迥异的中国经济、政治与社会环境中，经济理论的应用需要重加思量，甚至有必要建设新的分析方法，以更贴近中国的情状。

举例来说，我们不能沿用现今西方不动产的法律概念进行中国的土地使用权研究。中国财产权的区隔更是微妙得多。不仅如此，在所有经济活动中，家庭关系普遍的道德影响为企业、为股份公司、也为公众责任提供一种环境，从而影响经济表现的诸多方面。正因如此，将对中国的经济分析强纳于历史上欧洲及欧洲海外殖民地发展起来的窠臼中，实乃对经济思想的限制拘束。

---

① 沃尔特·李普曼（Walter Lippmann，1889—1974），美国传播学者、作者、记者、政治家，美国新闻传播学奠基人之一，著有《舆论学》《新闻与自由》等。

# 四

张伯苓为他的年轻同人设置了更为艰难困苦，也更为前景光明的任务，即以直接的研究方法分析中国经济组织；这些方法之所以被设计，不但为阐明有待现实政策解答的迫切问题，更为现实教学提供了基础。他知道倘不能使经济研究与青年学生自己的世界联系，不能使他们明见它与他们日常所遇问题休戚相关，经济研究就无法在他们头脑中鲜活起来。

他绝不墨守外国的说教。因为张伯苓知道，即使是一流的学生，在课堂上理解得再明白透彻，面对真实问题试做己见时亦常有困惑。有本颇佳的教科书，其答案附录倒也老实，对这种学习与实际的割裂感是极好的脚注："说到我自己，不谈经济学，我认为……"他想要他们的思想关乎经济学，关乎中国的经济。

从心理学上说，这种教学与研究的结合是一种良好的教育法。华莱士①，那位创造社会学（creative sociology）的名宿，盖将认同其现实主义风格。自然科学家已经长期实践于此，在教育以及研究中，如果不分门别类地做学问，就得不到一点儿显著的成效。年轻人热情饱满地投入，去钻研掌握

---

① 华莱士（Graham Wallas，1858—1932），英国社会学家、社会心理学家、教育学家，伦敦政治经济学院教授。

枯燥的基础分类材料，甚至更艰深更复杂的调查方法，大凡见过这种情形的人绝不会怀疑，传授知识的最佳方式是令学生相信它是一种必要工具，掌握了它就能使学生有能力去揭示自然的奥秘。

倘若需要证明的话，这全部的证明可见于南开经济研究所的实践之中。如同所有这类尝试性的机构一样，它起步朴素，从探索它的周边地区开始。在天津及其周边，有一个产业群，正处在从手工业向工业生产过渡的中间阶段。这些产业被仔细地调查。学生们参观车间并询问问题以探明产业结构。他们带回的答案被整理和分析。

在此过程中，学生调查员学到了统计调查及分析的方法。不仅如此，在称职的指导下，他们学会了在其他国家中寻找可比较的发展经验。经济史由此在他们面前鲜活起来。更重要的是，他们获得了真实问题的一手知识，不仅有关劳工、贫穷、住宅，还涉及工业结构及市场组织，在乎管理，在乎资本工具与技术、货币供应变动及其价格结构效应的普遍影响，在乎税务及政府服务以及国际贸易联系与海外货币发展对国内经济的影响。

很明显，没有初学者能毫不凭借帮助就在这关系繁复的迷宫中辟出一条路来。将转变中的中国经济之一页，首次准确而生动地展现给中国以及外国的经济学者，固然是这些文献的意义，然则对所收集材料中表现出的问题的合作讨论，对在直接观察中获得的信息的整合，以及在指导下对这些信息的意义进行的分析，这个教育过程或许更有意义。在何廉博士与方显廷博士指导下，南开经济研究所成为一间经济学的实验室，在这里，学生经由研究中国材料学习经济学的原理与分析方法。

与此同时，经济研究所开始收集与编译统计数据，以解决全国性的问题而非一地之所急。批发与零售价格之指数，其计算而刊布之；进出口之价格统计，其计算以显示中国在与外国贸易中的转变；东北经济之前沿发展，其发起专门调查之。最后这项具有开拓意义的调查研究了东北地区的资源、工业、贸易、铁道以及移民，这一区域将成为一方舞台，上演太平洋战争的序章，事实上也是军国主义的进犯与谋求和平合作的发展之间的大角力。南开为那些愿意面对暴风前平静的人提供了一双眼，不过这贡献仍然是科学上的学术成就。

## 五

这些单纯的统计研究背后，投入了持之以恒的辛勤努力，渐渐地赢得了国内与国际的认可。时机已到，这些统计分析将持续成为一份学术期刊的附录，由此可分析中国的经济发展①。这份期刊以外国学者懂得的语言，给予他们中国经济研究的成果与讨论，甫一发表，其质量即受到外国学者的称赞。对于中国学者，这份期刊成为一个提供外国书刊评述的媒介。

这份期刊未能持久，但是它的文字价值长留。人们期望它不久即能重新发挥作用，不止作为关于中国信息的可靠来源，更作为中国经济思想的载体。其独有的价值在于它彻头彻尾是中国的。它并非起于仅仅模仿复制西方杂志的期望。它起于对一种媒介的需求，有关中国经济问题的独创研究和当代讨论能借此发表——这也是南开经济研究所大力构建的。

在张伯苓博士心中，南开经济研究所最初的目的之一即是将其描述性的研究与调查所得的发现运用于中国学者编写的教科书中，以指导中国学生学习经济学。此路线的进展方兴未艾，却被日本的入侵过早中断，正如其他许多事物所遭受的中断一样。南开的经济学训练给予学生们的特出品质，在任何情况下，在任何人看来都显而易见，而到海外继续深造或者做政府要员的南开毕业生身上的素质与态度，又继续印证了这一点。

凯恩斯勋爵（Lord Keynes）曾经评论道，纵使阿尔弗雷

---

① 译者注：本刊为英文期刊，曾数次更名，1928 年创刊时名《南开统计周报》，1934 年更名《中国经济月报》，1935 年定名为《南开社会经济季刊》，每季中英文各发行一期，内容亦大大扩充，战时停办，后为唤起国际对战时中国之认识，争取援助，恢复两期，终因困难而终止。

德·马歇尔的经济研究成果出版缓慢，但"剑桥生长出一种口口相传的传统……与书籍中最新印刷出的内容所载不同，且又更为优良"。渐渐地，剑桥的这种新的教育理念"将英国的经济思想不受干扰地散布出去，其影响之大常常被人们忽略"。

倘若说，南开在张伯苓启迪下所做的工作也有类似的教育理念流布开来，这于中国其他经济院校大量优秀而有见地的工作而言，不算贬损。这宽广的领域大有可为，可做许多不同的经济工作，中国亦不乏许多有能力有见地的经济学者，独立工作，在学艺的科学标准上投入谦逊与热忱，正如伯苓对其学生和助手之启发。不过这些人得最先称颂张博士对中国经济思想的功劳——此非就知识发展而言（因为他自己并非经济学专家），而是就其指引启迪经济学理念而言——张博士则将作为中国经济学家中的一个独特存在，为南开人领受其功。优秀的导师总有昭彰的影响。经济学不只是一门技术，它是一门服务社会哲学的学问；也正是作为哲人，作为贤能，作为爱智之人，张博士对于社会生活物质方面的研究功劳卓著。

倘若局限在追求财富及财富所带来的权力，经济学研究并无意义。要真如此局限，经济学不如叫 19 世纪加给它的一个名字——交易学（catallactics）或者财富学（plutology）。亚当·斯密任道德哲学的教授并非偶然。"经济学"这名字就意味着齐家之务（civic housekeeping）。在如此定义之下，它就值得哲学家注意了。

如果其成员或者说大部分成员都穷困潦倒，市民社会则无健康可言。在中国这样的国度里，除非国家真等同于少数有特权者，除非文化真被少数有特权者独占，解决经济问题是获得民族自尊和文化成就的条件。外国人无人能解决这些问题，即使是在货币和银行业那些专门的技术层面的问题上也不行。外国人在中国的真正角色是技术顾问。切实可行的决策还得中国人来做。

每个民族都需自强以自救。在一个长期践行实质社会民主的国家里，权威是不能擅自做决定的。中国很早以前就实现了合作经济的基本原则，其中包括高度的个人自由。经济政策必须征得受其影响的人们的同意。这意味着新的方式必须从历久而在的实践中改易而生长，而引进新过程必须伴以教育，这也意味着尝试革新必须基于对旧秩序利弊的清晰理解。

这旧秩序中大有活力与顽强；但是生存斗争太严酷，任何真正实用的革新，如果不被利用则不能持久。现代技术引进缓慢，这主要是它的表现不实用的结果。新想法以适用性强的形式出现，被抓住利用，不必对习以为常的实践做完全不切实际的改变，这类例子有许多。一捧花生能长成有价值的庄稼，但若径直引进拖拉机种植则不可取。

# 六

张伯苓与其南开经济研究所同人的工作已经成为中国的功劳。其为功劳，可在多方面得到印证。这功劳在研究与训练上的影响早已越出南开的门墙。它以中国人的工作极大地增进了人们对于中国的理解。它造就思想与行动上的领袖。他们其中的一些人以其著作，以其在公共事业中的负责地位，在过去极大地贡献于中国的英勇抵抗，在现在则贡献于中国的复兴。不过他们最大的贡献是在质量而非数量上——些微酵母能发酵整块面团，不是第一次了。经济学的研究、教学、政策将总是在某种程度上印记着张伯苓的一种坚持，那就是真诚地探索寻找中国问题的中国解答，以及将新的科学枝丫移栽到中国文明粗壮的老干上。

这种坚持不止对中国有价值，更对世界有价值。现代西方极大的科学成就，给我们的时代提供一种错误观点。凡明智的人都不会反对这些成就，它们在文化和物质上确有价值。但是，它们留下无解的巨大谜团。这谜团就是，人该如何凭其物质世界的知识，学着解决人性的问题。古代东方或许能提供有助于解决这个谜团的答案。

假使汲汲于模仿西方成就而丢弃自身特色经验的果实，这种贡献就无从谈起。中国有甚多可得于现代化者，世界亦有甚多可希望于一个自由、独立、强大之中国者。世界不需要另一个美国或者另一个俄国。世界需要一个全新的中国，留存中国特性，同时利用美国与俄国的知识。唯有那时，其他国家方能利用中国经验中含有的智慧，以得裨益。坦诚而合作的关系中，第一要义乃忠于"你自己"。

张博士在他自己一生事业中所展现而又传递给他共事的青年人的，正是这一教训。南开经济研究所是这种教育在专业技术领域的表现。它创造性地构想，充分地擘画。南开经济研究所的规模和资源虽然小而少，它的结果却有效而意义深远。欲使中国臣服却受挫的侵略者很知道该攻击何处，就是攻击中国自由与生命力的基础。

他们摧毁南开的物质，但是他们无法摧毁那创造了南开并将再造南开的精神。当务之急是迅速恢复图书馆和适当的仪器，俾使南开经济研究所运转，做实际分析与中国式的经济学教育的开路先锋，若论其于中国之功，论其于经济学学术之功，莫为之右。

# 转型中的经济
# AN ECONOMY IN TRANSITION

〔美〕约翰·奥尔查德
〔美〕多萝西·奥尔查德　撰
李一萱　译

当今中国存在这样一个核心问题，即经济基础结构的改变有着毋庸置疑的必要性。全世界把关注的焦点放在国共两党的政治斗争上。诚然，这场斗争意义重大，但解决任何政治问题的根本途径是要建立更具生产力的经济，为居民享有更高的生活水平创造条件。数世纪以来造福中国人民、让中国人口得以增长逾四亿的经济体系，已被无法阻挡的强大且影响深远的国际势力所摧毁。这种旧经济体系无力回天，取而代之的必然是与现代科技和谐共存的经济体系。

中国在旧经济体系下的生产力基于人力，与之相反，西方现代社会依赖机械动力。这种差异具有绝对的重要性。18世纪的中国经济中农业和手工业搭配平衡，造就了高度发展的文明。其中，手工业的重要性常被忽视。中国良好的经济状况不仅建立在农业之上，同时也基于工业制成品的大型生产，这种生产提供了高于土地产出的就业和收入。

在此体系下，人均产出随着世纪更迭变化不大。个人技能存在差异，生产力随着时间推移，通过工具的改进得以提高，但是这些产量的增长却很少，可能是一个男人或女人每天产量的两倍、三倍或四倍。随着机械动力和现代机械的发展，个人的生产力提高了一百倍，甚至如同纺织机一般增加一千或两千倍。同时，工业产品的质量标准且可靠，这是手工业无法企及的。人与自身生产力之间的关系发生了革命性的变化，这成为造成中国当前经济混乱的至关重要的因素。

战后的中国经济面临着二十一个世纪以来最剧烈的变化，这变化可以说是自公元前 221 年秦朝首次统一中国以来最为剧烈的。

# 一

中国与西方世界的直接接触始于 16 世纪葡萄牙商人的第一次航行，在此时期，中国手工业产品已经由于外观精美和相对廉价备受追捧。从整个 17 世纪一直到 18 世纪，中国和有相似工业体系的印度所生产的货物输入到欧洲，使法国、英国和欧洲低地国家的手工业受到毁灭性的打击。直到 19 世纪初，贸易状况逆转，英国工业革命的工业产品才开始输入中国。

起初，西方工业化对中国经济并未产生很大压力，中国经济顽强抵抗了许多年。然而，西方国家更廉价、更标准化的机器生产商品逐渐进入中国沿海城市，并且缓慢渗入内陆。在此过程中，农业和制造业的和谐关系被打破，手工业在民生方面的地位也有所下降。中国官员和商人在很大程度上并没有认识到西方的生产方式在生存上的优势。他们购买西方商品，但固执地抵制创新，因为创新威胁到原有经济结构中的组织和个人不可替代的地位。

人们直到过去的半个世纪才开始付诸积极的努力以改革

中国的经济体系。这"半个世纪"始于1895年工业化中的日本击败中国，结束于日本侵略者被驱逐出中国。在此期间，受西方工业化的直接影响，各色工厂在沿海地区得以发展。电力开始在许多城市投入使用，但更多是用于照明而非工业生产。铁路和公路在主干网络中铺设，轮船被用于水上运输，取代了相当一部分的帆船。这些发展绝非一蹴而就，而是断断续续经历了多次反复，总体上的成就并不显著。由此建立的工业生产能力，无论从挖掘中国的工业潜力还是与其他国家比较来说，都显得微不足道。

## 二

衡量一个国家工业化程度的一个有效指标是其钢铁工业生产能力。在中国，唯一明显具备现代钢铁生产能力的企业是在东北的日本企业。在战争最激烈的时期，东北的日本工厂生产了二百五十二万四千吨生铁和一百三十三万吨钢锭。1945年在苏联占领下，生产设备被移除，设施遭受毁坏，生产能力变得疲软。产能的丧失从半成品钢丧失一半到生铁丧失三分之二以上，铁矿选矿和海绵铁的产能丧失接近百分之百。基本生产能力的降低，加上发电厂、煤矿和辅助产业中设施的移除和破坏，在缺乏大量新资本注入的情况下，剩余设备无法再使用。原本主要为日本战争供给而建设的钢铁生产能力，到战争结束，却成为东北经济的重要部分，而且可以成为中国整个经济重建的基础。

中国本土的钢铁工业发展规模较小，且鲜有成功。由中国资本建立的第一个现代工厂是 1894 年在长江流域的汉阳建立的。到 1925 年，该工厂就永久闲置了。在同一地区的大冶附近，又建立起一批高炉并短暂地运行了一段时间，之后由于资金和技术问题关闭。1921 年到 1922 年间，在北京附近由中资建立的高炉，直到日本十六年后侵华时才完成。在 1937 年中国与日本开战前处于运行状态的现代企业规模都很小，其中包括汉口附近的一个工厂、山西阳泉的一个工厂，还有一些规模极小的上海的企业。那时，中国本土由现代高炉生产的生铁平均约为每年两万五千吨，由手工业经济中的本土炉子生产的大约为十三万六千吨。由此，钢铁生产基本可以忽略不计。

在战争时期，"自由区"①发展出了半现代化的工业，能够每年生产数十万吨的生铁。在"沦陷区"，日本扩充了阳泉和北平的生产能力，完成了太原未完成的建设工程，并在察哈尔的绥化、安徽的马鞍山和其他一到两处地方建造了小规模高炉。战后中国以此为基础，建设小规模的钢铁生产企业，由此，开始了工业化的进程。

---

① 译者注：即抗战时期由国民党统治的地区，一般称为"国统区"。

在其他现代基础工业中，发展也同样受到局限。中国也许是最早使用煤作为燃料的国家，并且是世界上煤储量尤为丰富的国家之一，尽管如此，中国的煤炭发展始终规模较小。在 1937 年前，中国本土的煤炭生产平均每年约两千万吨，其中三分之一的产量来自外资管理下的大型矿，另外三分之二来自纯中国资本下的大量小至中型矿。许多中国煤矿不使用机械动力或现代设备，每年生产不足十万吨。

由于进口的煤炭抵消了很大一部分的出口，总体煤炭消耗大约为每年两千万吨，其中一半用于家用和小户作坊使用，只留下每年一千多万吨给现代工业，包括铁路、轮船、工厂和矿业。而在美国，工业消耗煤炭大约每十二天即消耗一千万吨。

在日本占领下，华北、华中的煤矿设施既有退化，也有扩张。在山东省和山西省，特别是在蕴藏丰富矿藏的大同，日本建设了大而新的采矿设施。另一方面，迫于战争情势的压力，重要的煤矿例如天津北部的开滦煤矿，就任其退化并随之导致产量的下降。自日本投降，大部分广泛发展的企业处于内战区域，损失严重。仅大同一处，国家资源委员会估计其修复花费至少要两百五十万美元。

在中国政府统治下的西南地区，设施也得以扩建，煤炭生产量从 1935 年两百万吨增长到战争高峰期的五百多万吨。尽管战时"自由区"和"沦陷区"煤矿都扩张发展，1946 年和 1947 年中国还是经历了严重的煤炭危机。极端的物价上涨、内战、发电厂和铁路的破坏，使战时设施扩建后的利益实现化为泡影。生产想要恢复到战前水平将需要大量投资和大型修复，特别是缘于日本相关政策强调，为了即时产出不惜牺牲煤矿的未来生产能力。

在东北，大型煤矿几乎全部由日资建造。1937 年前东北的煤炭总产量平均每年约一千两百万吨，其中，抚顺露天大矿生产将近九百万吨。东北产出的煤炭三分之一用于出口，不到六百万吨用于本地区的现代工业。因此，中国现代工业消耗的煤炭总和，差不多是美国工业三周的供应量。

战争时期，日本在东北建造了其他的大型采煤中心，特别是在阜新、北票和西安①，总生产量在 1944 年上升至两千五百多万吨。日本人在矿中铺设轨道，安装发电厂和电气设备，让生产高度机械化。1945 年，苏联的拆迁政策导致大部分电力设施被移除，很多可移动的设备从大型矿中运走，致使 1946 年东北煤炭总产量下降百分之九十。东北矿业恢复工程将需要注入极大量的新资本。

对于铁矿、重化工和铝提炼工业来说，无论是发展或是毁坏，都遵循一种相似的普遍模式。大型重工企业主要集中在东北，日本在东北的奉天（按：今沈阳）、大连、鞍山、抚

---

① 译者注："西安"即吉林省西安县，今称辽源。

顺、本溪和其他一些地方建立了中心。与此同时，苏联的占领政策掠夺了那里的电力设施和大部分最新最好的设备，留下破败的建筑、空空如也的地基以及一个需要投入相当于日本最初建设所需精力的重建问题。

中国本土的现代工业中心是上海。上海位于长江口附近，是国内外贸易商业中心。这里与东北的工业不同。上海占主导的是消费商品和其他轻工业以及一些小机器制造厂。这里有造船厂、水泥厂和一些小型钢铁厂，但上海真正闻名的是拥有各色企业：纺织厂、面粉厂、造纸厂、火柴厂、卷烟厂、橡胶制品厂等等。中国本土的其他工业中心性质都类似，但是规模更小，且大多位于沿海区域港口，例如天津、青岛、汉口和广州。

中国本土最成功的现代工业是棉纺织品制造。这些制造厂规模大，相对较现代，在1936年中国拥有超过五百万的纺锭，换言之约为当时日本的一半。上海拥有超过百分之五十的纺锭，另外两个中心是青岛和天津。然而，棉纺织品工业只能说部分是中国的，因为近半数的纺锭属于外商独资的工厂——主要是日本人的工厂。另一个重要的磨坊工业类型是面粉加工业，这项工业几乎完全是中国企业在运营。在其他轻工业中，中国企业在数量上占主导，但在规模和效益上占优势的卷烟厂、火柴厂、造船厂和肥皂厂，却是外商独资企业。

在日本占领和随后的内战影响下，中国战前的轻工业生产能力大部分遭受破坏，因此恶化。尽管日本在战争期间建造了一批新的工业企业，特别是在天津—青岛地区，但是战后的中国与1936—1937年相比，所剩的工业生产企业寥寥无几。

大型现代化厂房于战前建成，数千个小型过渡作坊也在上海及中国其他城镇建立，这其中一些作坊便使用动力机械。这些作坊基本上由中国人所有，并由中国人指挥，在经历了反复的尝试和错误后，缓慢建立起中国工业化的框架。这些作坊和由家庭制作的手工艺品对战争的冲击起到缓冲作用，使经济在封锁情况下得以运行。过渡期作坊训练了工业劳动力，但未能提供显著提升中国人生活水平的生产力。

除此之外，还有另外一种方式来衡量中国有限的工业化程度，即铁路里程长度，因为廉价的陆上运输为现代工业提供基础服务。从经济的需求和与其他领域对比的角度看，中国铁路里程总体较短。1936年，中国包括东北加起来的铁路长度少于一万二千英里（按：约1.9万公里），这其中大约一半是在东北。美国相似面积的线路长为二十三万六千英里（按：约38万公里）。拥有相似经济而面积更小的印度，也有四万三千英里（按：约7万公里）的铁路。

旧中国利用水路运输大宗商品，陆路运输由马车、牲畜和搬运工完成。中国有限的铁路线路之所以存在，大部分来自外国倡导，由英国、法国、德国、比利时、荷兰、俄国和日本投资建造。在战争时期，新修建了一些线路，但已有线路遭受严重毁坏，大部分轨道解体，铁路车厢丢失。在之后的内战时期，共产党采取的策略主要是拆除铁路，特别是在华北地区和东北地区。要恢复最低运营基础的主干线，亟须大额投资。

## 三

中国的工业化进展为何如此缓慢？中国主导的大型企业为何无所建树？经济创新为什么持续遇到阻力？特别是日本作为一个邻邦小国，工业化程度为何如此令人叹为观止？反观中国，与西方接触时间更长，却艰难起步，现代工业很大程度上受外国利益支配且主要局限于几个沿海城市。是什么原因？

这些问题的答案对未来发展或许有重要影响，需要从历史惯性、文化传统、地理背景、政治不稳定性以及固有的经济秩序等复杂因素中找到线索。

相较于其他因素，特别是与日本相比，中国经济所处的地理背景是最为根本的因素。中国所在的广袤大地气候形态繁多，所产物资多样，陆地面积广阔，能够给予中国安全保障，并使之自给自足，这是国土面积远小于中国的日本所无法企及的。这种大陆性让人们的危机感变得迟钝，让中国面对西方在沿海一带的侵蚀可以视而不见。因此，人们得以接受这一虚幻认识：外国人可以被隔开，也可以被忽略。

而另一方面，日本作为一个岛国，即使最远的地区也与海洋近在咫尺，当隔绝状态被打破，就立刻寻求保护自己、抵御西方的手段。日本由于有限的地域和资源，再加上封建制度的限制，经济处于令人最不满意的状态，因此面对西方创新能够带来更强实力的前景，日本经济几乎毫不抵抗地做出让步。

阻碍中国工业化的一个强有力因素是固有经济的韧性。数世纪的发展让中国经济结构既完整又全面，并使中国人拥有实力和信心持续成功经营。基于农业和手工业的结合，成千上万的小户家庭生产了必要的食物、衣物和日用商品，由此支撑起由共同的书面语言和哲学文化聚合起来的约四亿人口。省会城市和商业中心的工艺品商店制造奢侈品和艺术品，包括漆器、丝织品、瓷器和精雕工艺品，以满足朝廷官员和富商地主们。这些产品，无论是基本用品还是精细商品，都驰名中外。几个世纪以来，商人们将这些商品视为珍宝，为寻求它们纷纷翻山越岭、跨越海陆。因此，面对世界其他国家，中国人的自满和优越感有理可循。面对新奇的工业生产方式和高昂的安装费用，尤其是其大大削弱了作为中国生产基础的丰富资源和人力的价值，这样一个成功运转的古老经济体系呈现质疑态度并接受迟缓，也在意料之中。

　　尽管地理背景和经济体系是造成中国工业化缓慢发展最根本有力的因素，过去百年来肆虐的政治不稳定却是造成其缓慢发展的最显著原因。一个世纪以来，中国国内持续混乱，从 1848—1865 年的回民起义和太平天国运动，到清朝末年的旧制度解体，到辛亥革命，以及中华民国建立初期的混战和纷乱。这些内部混乱的种种迹象招致了外来侵略，纵观整个世纪，中国被迫一再对英国、法国、俄国、德国和日本在领土和特权上的要求妥协。其结果之一，便是沿海欣欣向荣的商业中心实际上受外国控制。

　　因为缺乏一个强大而稳定的政府，任何积极的经济变化都面临重重阻碍。本土资本一直对进入大型的固定企业持犹豫态度，因为在缺乏公认的法律制度规定情况下，这些企业的生存岌岌可危。外国资本也一直不愿意承担由政府的不确定性带来的风险，于是在绝大多数情况下，要么向在外国监督下以国家收入担保的中国政府进行直接贷款，要么投资于由外国法律机关保障的上海公共租界、其他城市的外国特权地或租界，或是东北受外国政府政治控制的地区。

　　新的经济发展素来缺乏统筹规划和方向指导。经济发展取决于个体企业家、政府官员或是外国资本家的突发奇想和兴趣，或是取决于外国政府的战略利益，由此导致了大量的浪费和方向性错误。这些投入的资本和努力对中国经济的长远发展并不重要，而经济模式的关键领域却被忽视。在这方面，中国与刚加入近代工业化行列、由政府行使主要控制权、指挥权的国家，比如德国、日本和苏联，形成鲜明对比。

规模较小的私营企业，和在英国、美国发起工业革命的私营企业相似，在当今世界面临着几乎不可能完成的任务，即与老牌工业国家稳固的大型工业竞争对抗。初始设备费用、必要的科学技术培训、原材料供应组织模式等因素，是政府对新工业领域提供企业援助的理由。政府拥有潜在的可观的财政收入，能够承担新型大型企业的发展风险和长期投资的风险，这些都超出了私人投资者的能力范围。这一点在中国具有特殊的意义，因为私人手中的可用资金严重不足。

旧经济并未创造大量的财富聚集，无法匹敌新英格兰捕鱼、造船和海外贸易所带来的巨大财富，与后来转向美国的制造企业的财富量也无法相比。中国的对外贸易直到19世纪中期仍严格受限，尽管它的确和大型国内贸易一样带来了巨大的商业财富，但是个体商人的财富持续受制于征兵拉夫、苛捐杂税以及官宦阶层的妒忌。此外，商人的兴趣主要集中在现有经济体制下的货物贸易，他们和政府一样，对自给自足的状态和充分发展的手工业生产信心满满。至于投资新兴行业或来自国外的新型交通方式，他们行动缓慢，一部分是出于这个原因。另外，经验教训告诉这些商人，大型现代企业提供的实实在在的财富会立即招致政府巧取豪夺。

　　在西方国家，许多个人小额储蓄积聚在一起，通过商业投资使之为大型企业使用。而在中国，迫于人口生存压力，个人无法获取大量财富积累，纵有盈余，大家对企业结构也无法接受或理解。中国的商业诚信是众所周知的，但这种个人道德毫无疑问是基于人与人之间的口头约定。整个信贷和银行结构取决于个人关系而非机构联系。于是，投资者不愿意将资金托付给毫无人情味的企业管理方。其结果是，企业组织形式发展有限，所能筹集到的必要资金也有限。

## 四

　　中国经济在过去五十年发展规模相对较小，尽管如此，该时期仍是对经济根本变革至关重要的普遍觉醒时期之一，尤其是日本入侵东北之后的几年。曾经，人们对待西方国家提供的任何东西都保持冷漠怀疑态度并极力反对，现在，人们确信过去几个世纪的经济无可救药地过时了，无法满足一个拥有四到五亿人口的现代国家的发展。人们普遍认为，中国必须增强生产力，增加新兴产业，更有效利用能源，采用更廉价的运输形式和商业管理新模式。随着这种认识上的转变，拖延已久的全面工业革命即将到来。

　　在此觉醒过程中，孙中山先生起到了重要领导作用。三民主义蕴含了他的经济理论和政治哲学。本书其他文章将讨论到，在过去的二十五年中这一理论一直作为中国学校的基本教学内容，也是公职人员的入门必读。《建国方略》是孙先生在中华民国成立后的几年中构想的方案，于 1919 年至 1921年发布，对中国的经济思想产生了深远的影响。这项计划与苏俄五年计划不同，并非一个需要遵循的蓝图，而是在国家层面上实行工业革命计划的初稿。孙先生对彻底的经济重组紧迫性的理解在这里充分展现，但这一构想模糊且理想化，不依靠中国政府和人民，而是寄希望于与提供资本的外国列强及其专家合作，发起重组计划。这项国际性的发展计划从未实施，但停留在纸面上的构想对之后的规划产生了深远影响。

在第一次世界大战后的二十五年中，中国滋生出一种国家危机感，类似于将日本推向工业化的危机感。这种对自身弱势的认识在 1931 年日本入侵中国东北后迅速成为人们的关注焦点，并在中央政府大力推进的经济活动中充分显露。

从当年 10 月起，中央政府通过后来的经济委员会实行公路交通、水利、公共卫生管理和农业复兴的全国方案。1932年 11 月，国防计划委员会成立，勘测国家资源，制定经济防御政策。该委员会于 1935 年成为资源委员会，负责发展基本的重点工业。到 1936 年，政府完成了建立两个主要国家钢铁厂的初步举计划，此外，主要铁路在同年建成完工，特别是粤汉铁路的最后一段。1937 年之前，上述工程和政府的其他项目都取得了实质性的进展，但之后都因日本侵略而中断停止。

1937 年至 1945 年，中央政府主要关注国家生存，一切经济活动都为了维持抗战，这期间想要充分扭转旧经济的不足难上加难。新设立的工矿调整处帮助民营企业从沿海地区搬迁，并在西南地区重建。国家资源委员会迁移并在"自由区"重新建立国有企业。工业合作社建立，在很大范围内振兴手工业和车间生产。尽管政府、合作社和私营企业都做出了巨大努力，但仓促拼凑的生产能力不足以应付战时需要。

外部供应成为实现实质性新发展的唯一希望。滇缅公路无视现代工程怀疑论，建立在工人们争分夺秒并付出巨大生命代价的基础上，竭力试图从中国后方打开一条补给线。然而在第一批美国租借物资到达中国之前，这条道路穿山越岭，止步于日本占领缅甸之时。

当时世界各国认为空运货物是不切实际的幻想，但出于绝望的心态和对西方必要机械设备的需求，中国成为空运的先驱。中国航空公司在只拥有几架飞机却缺乏航空燃料国内供给的情况下，组织起了从印度出发的"驼峰"货运线，这是世界上最危险的航线。后来，美军空军的加入充实了这项服务，但有限的供给无法建立起能供应战争进攻的工业经济，中国的作战努力仍是一面撤退，一面坚决拒降。在盟军进攻促使日本投降和沿海港口开放之后，中国才得以摆脱危险处

境。这次经历让各行各业的中国人都相信，经济结构必须要
进行革命性变化。

为通过行政体制改革增加战时生产，中国战时生产局于
1944 年 11 月成立，严格仿照美国战争生产委员会模式。但
是想要抵消由于运输匮乏、工业设备缺乏、各类供应短缺、
价格过高的累积影响，为时已晚。战时的成就并没有为中国
最终工业化注入希望，真正为最终工业化带来希望的是努力
克服重重困难时表现出的毅力和才智。

中国在摆脱日本统治之后，并未进入政治稳定时期，而
是又陷入了内战泥潭。最高经济委员会于 1945 年 11 月成立，
怀着对未来的满满希望，制订了许多书面计划，但眼前严峻
频繁的经济危机迫使经济发展几乎停滞。


# 五


当中国建立起某种表面的政治秩序，中央政府得以维持
国家法律，那么中国工业化的成功就存在许多有利的经济因
素。矿产资源从未被充分勘探，人们相信实际储量很可能比
地质调查的记录要大得多。在西北地区，特别是新疆，以及
西南鲜为人知的西康，据报道，许多丰富的矿藏尚未被探索。
除了这些可能的资源，中国已探明的矿产财富足以支持规模
相当大的工业化生产，尽管它们不及美国或苏联。

　　煤炭作为电力和化工的基础,在中国有着丰富的存储量。包括东北在内的已探明存储量,最新估计超过两千四百亿吨,这一储量在世界上排名第四。美国拥有三万二千亿吨,位居第一,苏联超过一万六千亿吨,位居第二,加拿大排名第三。中国储量约百分之七十五是烟煤,适合于冶炼焦炭。此外,约百分之二十是无烟煤,只有少量是褐煤。

　　用于补充煤炭能源的水力资源尚未得到系统测量,但据已知情况,其资源丰富。中国本土还未存在实质上的水力发电。然而,在长江和黄河,西南山区和其他地方,可发展的潜在地点不胜枚举。在美国垦务局和美国工程师的帮助下,长江三峡工程计划得以绘制。日本在河北的紫荆关建造了一个水电厂,但他们在黄河和滦河上建立一系列水电厂的计划并未实施。

　　日本在东北三个地点建造水电站并投入运行,其中两个规模极大。松花江上的丰满水电站装机容量为二十八万三千千瓦,由于苏联进行设备移除减少到了十四万三千千瓦。日本还未把这座大坝建造完成,由于苏联拆除了建造大坝所用的大部分混凝土灌注机,大坝的必要加固无法进行。水电站如能建成,总装机容量将达到五十六万三千千瓦。朝鲜边境的鸭绿江水电站总容量为六十万千瓦,其中一半用于朝鲜,一半供东北使用。东北的一半设备被苏联完全拆走。第三个站点拥有三万六千千瓦容量,保存完好。

　　除了三个作业水电站外，日本还在十四个工地建造或计划建造厂房，拟议的总装机容量达三百万千瓦，算上已建成和在规划的容量，东北水电容量约为四百万千瓦。

　　中国的铁矿不如煤矿丰富。铁矿总量大，但大部分矿石质量较差，含铁量低于百分之四十，只有选矿后才能用于现代高炉。中央地质调查所估计总储量为十六亿九千五百万吨，其中百分之七十以上位于东北，主要分布在含铁量低的矿中。然而，这一估计并未包括日本在东北的调查结果，这些结果未经证实，显示东北拥有含铁量超百分之三十及以上的铁矿石从之前的十二亿二千一百万吨，飙升至超过三十八亿吨。根据日本的估计，百分之九十五的矿石含铁量达百分之三十到四十，剩下的含铁量则在百分之四十以上。作为比较，美国在现有条件下，已知具有经济实用价值的储量为四十三亿吨，如果包括低品位铁矿，则总量为该数字的许多倍。同样，俄国铁矿石储量也比中国大得多。

　　中国本土（未沦陷地区）的铁矿储量大于东北，但根据目前估计总储量在五亿吨以内。大型富矿矿山在长江流域的大冶和芜湖附近（含铁量百分之五十至六十），察哈尔的龙烟（含铁量百分之四十至六十），海南岛（含铁量百分之四十至六十五）和重庆地区（含铁量约百分之五十四）。

　　日本钢铁工业依赖中国的大量矿产来满足自身供应，1942 年一年就获得了四百万至五百万吨的铁矿石。在那一年，中国东北矿山生产了近四百五十万吨额外的铁矿石，其中一半含铁量不足百分之四十。包含"自由区"在内，1942年中国的铁矿石总产量在九百万吨左右，也就是说含铁量约为四百五十万吨。这一数量的金属可以支撑日本在战争高峰期高炉冶炼工业的生铁生产。

由于东北矿石的品质低，日本在鞍山和本溪两个大型钢铁生产中心建设了选矿设施。几乎所有这些设备都被苏联拆除了。东北工业是日本战争机器的一部分，生产成本的考虑让位于战略需要。在目前的情况下，如果没有保护或援助，东北工业能否在世界竞争中生存下去值得怀疑。然而，技术的进步可能改变这种状况，中国的低品位矿石储量未来或许有经济使用价值。据已有报告显示，美国富矿逐渐枯竭，科学界已经把注意力转到低品位矿石的使用可能性上。

中国的石油资源显然贫乏，但同样，相关的地质知识还不完整。另一方面，已知铝生产资源丰富。战争期间，日本在山东、河北和东北开发铝矿。近期在中国的南部和西部也有铝矿被发现。

煤、铁、石油和铝是实现工业化的重要大宗矿物。其中，中国仅在石油方面匮乏。在非大宗矿物中，锡、钨、锰和锑的储量足以满足潜在需求，同时铜、铅、锌和汞也有一定储量。

# 六

中国的农业生产方式经过几个世纪的发展，生产总量巨大，种类繁多，其中许多可为一些制造业提供原材料。中国可能是世界上最主要的大米、大麦、大豆和花生的生产国。中国与美国和苏联是三大小麦生产国。中国在棉花生产中名列前四。中国在桐油、茶叶、蚕丝、韧皮纤维、油料种子以及大量的蔬菜、水果、烟草和畜产品如羊毛、兽皮和鬃毛的生产方面，具有重要地位。

虽然新增加可耕地面积不大可能，但借助近几十年来在美国取得相当成功的现代科技辅助设备，农业大规模生产可进一步提高。选种、新品种作物、病虫害更有效的防治、化肥更科学的使用、机械的适度引进、工具的改良和其他技术的改进，都有望使中国大幅提高农业产量，并为工业化打下广泛的农业基础。中国绵长的海岸线提供了海洋资源，如盐、鱼和海藻，这些都是相当重要的工业原材料。中国的木材资源较少，但在东北和西康都有丰富的森林资源。

交通设施能够将潜在的大量产品从矿山、农场运输到工厂，从工厂再到消费者，这大约是中国现代化实现的首要条件。基本的交通结构已经存在。几个世纪以来提供东西方经济交通的大水运，在现代尤其是服务南北交通的小铁路干线以及不断扩张的本地和跨省高速公路网，使铁路和水路交织连接。所有这些交通方式都需要进行现代化改革和延伸发展，同时迫切需要从战争的蹂躏和内乱的破坏中恢复。中国要把交通设施视作现代工业国家的必要条件进行发展，任务艰巨。大量的资本注入是必要条件，但随着从西方学习经验教训，中国只要保持良好政治秩序，大部分任务能够快速实现。

# 七

中国除了工业化所需的矿产和农业资源，还拥有庞大的人口资源。这种资源尽管未经培训，但可以为工业化发展提供大量低工资水平的劳动力。在向工业化发展的过渡时期，这些劳动力可以与现有的机械高度配合使用，从而最大限度地利用有限的注入资本。机器可以在高速和多班次的情况下运行，其操作需要大量的劳动力。日本在工业发展的早期就采用这种劳动方式。劳动合理化和对效率的考量直到后来才出现。

新制造业的可用劳动力可能比现有情况更加丰富。英国、德国、日本的经验表明，中国在工业化计划下，至少在早期阶段可能会大幅增长人口。健康计划和卫生知识的普及将降低新生儿死亡率，提高新生儿预期寿命。新兴产业将更有效地利用中国的劳动力，从而提高个人产出。更广泛的运输网将向饥荒地区运送食物，减少饥饿造成的死亡。此外，交通运输网在广袤的中国大地上为区域分工奠定基础，从而大大提高全国生产总量。人口增长的可预测因素有很多，例如，旧农业经济下的出生率保持不变，那么人口至少在一段时间内增长是毫无疑问的。

人口的增加加速农业的现代化和手工业的消失，再加上受到国外进口的影响和新工厂产品的竞争，中国可能会产生大量不充分就业和社会闲散人员。巨大的劳动压力将会产生，于是中国最大的工业财富将成为一个严重的经济问题。因此，引进节约劳力的设备往往受阻。因而人们工资水平会因此降低，还会招致大工厂的剥削。如果工业化是为了普遍提高中国人的生活水准，那么中国必须采取有效措施来确保产出提高后国家财富的公平分配，并且及时控制人口增长率的上升。

## 八

工业经济日益扩张，其产品将在很大程度上通过国内需求消化。在中国，虽然个人购买力低，但是人口总量大，而且工业化应当会带来中国人均消费增加，正如其他国家一样。几十年间，中国工业应当无须诉诸海外市场来吸收过剩产品。

相反，中国的贸易问题是如何通过出口实现贸易顺差以进口必需的重要设备。日本为购买工业化工具出口茶叶、丝绸及后来的棉纺织品。俄国则借助原材料——石油、小麦、木材和黄金。中国未实现贸易顺差，也不能指望通过几种主要的出口商品或建立集中的进口市场来获得必要的外汇。中国 19 世纪的主要出口产品是茶叶和丝绸。丝绸贸易输给了日本，后来还要面对人造纤维的竞争，茶叶贸易也无法对抗印度、锡兰（按：今斯里兰卡）和印度群岛的种植园产品。

中国 20 世纪的主要出口商品为农产品，特别是产自东北的农产品。出口量最大的包括豆类、油籽、豆饼、籽饼、植物油和坚果，这些产品加起来占 1933 年至 1934 年出口贸易的三分之一。由于进口国日益重视国内的油料作物生产，上述商品的出口量在第二次世界大战前已经出现下降。其余的出口贸易是由矿场、农场、手工艺者和工厂生产的产品组成，种类繁多，每种产品的出口量不到出口总量的百分之五。这些产品通过各种渠道由小单位集中，战争破坏了大部分生产，车间和工具被毁坏，恢复也受到战后严重通胀的阻碍。

劳动力作为中国最大的资源，在近几年的出口贸易中表现并不突出。大量消耗劳动力的制成品在第二次世界大战前出口占比不足五分之一。事实上，中国已经以进口制成品的形式引进外国劳动力资源，这占到进口贸易的将近一半。在对外贸易中使用劳动力资源很棘手，因为大量输出廉价劳动力难免会引发敌对并遭遇生活成本较高国家的阻拦。

由于这些因素，以及工业化的广泛扩张导致的世界贸易性质发生的根本性变化，中国未来的出口贸易必须顺应产品和市场多元化的复杂规律。这一规律需要出色的组织能力。中国工业化起步太晚，轻而易举的成功不易实现。出口贸易将受到限制，有必要谨慎使用所得外汇，以购买最需要的工业化工具。

## 九

想要有效利用人力和资源进行工业化需要一定的知识和技术，而这些对于中国以往的经验来说，是完全陌生的。中国缺乏"技术诀窍"，而"技术诀窍"恰恰具有直接且紧迫的重要性。这一缺失不仅阻碍科学技术领域的发展，而且商业和财政管理方面的发展也会受限。旧经济的组织理念不适合新经济体。本土银行业务的顽固、占主导地位的个人合伙形式的企业资源有限、政府程序的不规范，都无法适应大规模企业的需求。旧式的中国机构还未发展出现代企业管理所需要的态度和能力。

传统教育制度也没能为现代经济企业提供所需的培训。数百年来以培养精英而闻名的教育制度，造就了文人墨客，但却未能惠及百万民众，同时也没能培训少部分人掌握必要的科学、技术和经济知识以理解工业化力量。这种教育强调哲学，而非生产力，而且根据过往经验，这种教育未能鼓励创新。士大夫将这种态度带入政府，因此大型资本企业赖以苗壮发展的法律结构和政府支持未能出现。

能否掌握工业组织的"技术诀窍"可用来测试中国是否有能力实现工业化。如今，中国人也认识到了这一事实。政府内外的各界人士都在付出努力，改革经济框架。

共产党把注意力集中在经济社会因素上，特别是对土地制度的改革。在共产党控制的地区，党收回地主的土地，把土地分成部分分给耕种者。其工业计划不够明确，而且还须迎合更严峻的政治控制。从广泛的一般原则来讲，这种工业计划与国民政府基于孙中山阐述的原则制定的工业政策相比，似乎没有实质性区别。

国民政府较少重视社会改革，更多地侧重于经济规划和技术与行政改革。对法律体制进行重组，使发展新型机构成为可能。教育体制得以扩展以服务更多群众，课程随着科技和经济路线不断扩展和深化。国民政府的一项培训计划已把数千名技术人员、科学家、教育工作者和管理人员送至海外进行培训，同时引进了数百名各行各业的外国专家到中国培训国内人员。然而，国民政府能够取得的成绩严重受制于战后动荡、通胀失控的消极影响以及政府圈子缺乏"技术诀窍"这些因素。政府当局规划了成百上千的方案，仅仅停留在纸上，现存企业在政治争论和不良管理中挣扎求生。

## 十

在长期规划和短期权宜之计并存的混乱中，中国确立了三项相对明确的基本政策。第一项涉及国有企业和私营企业在新经济中的地位。总的看法是，某些公共利益占主导地位的行业应是国有企业。这些企业包括铁路、公共事业、兵工厂、造币厂，以及对有限基本矿产资源的开发工厂。至于中国经济发展所必需的其他产业，如重工业和生产材料的生产，若私人资本在未来的一段时间证明无法挑起担子，也必须由国营企业至少在开始阶段挑起大梁。除了这些特殊情况外，现代工业的发展要交由私营企业。近期政府对没收的敌伪企业的管理并未严格遵循这一总方针，但政府一再宣称该安排是暂时的，并表示不打算与私人利益竞争或采取国家垄断制度。

孙中山的工业计划提出了大体类似的国营与民营企业之间的关系，共产党也接受孙中山的提议，至少是在"资产阶级民主革命阶段"①。国民政府与共产党的差别目前并不体现在这方面。

政府采取了在可行情况下允许自由经营的政策，同时也支持重工业和消费品行业的均衡同步发展，这与苏联快速工

---

① 译者注：即旧民主主义革命阶段。

业化把重心放在生产资料而牺牲消费品行业形成对比。人口、自然资源和中国的国际贸易地位均有利于平衡型发展而非专业型发展。

　　第三个已经相当明确的基本经济政策涉及在华的外商投资企业和外国企业。尽管惧怕外来入侵，但中国各方普遍认同外来援助是科学技术大规模发展的必要条件的观点。从孙中山对中国主要依赖国际融资和工业计划的国际实施的立场出发，官方言论虽然承认国外援助的重要性，但更高度关注自立的必要性。官方言论强调，外国贷款应"只用于生产建设、稳定和改善人民生计"。换言之，人们认为中国不应该因为消费需求寻求外国援助。

　　1945 年所述的共产党政策，对"只要对中国经济有利，并遵循中国法律"的外国投资都持欢迎态度。然而 1947 年 2 月中共中央在延安发表声明，宣布由于未经党的批准，国民政府从外国列强特别是从美国获得的各种贷款协议被视作无效。

　　1946 年 4 月 12 日南京国民政府颁布的修订版《中华民国公司法》体现了为控制外国直接参与中国工业化而设立的法律体制。根据该法，外资公司，即依照外国法律组织和注册并由中国政府授权在中国经营业务的公司，具有和国内公司相同的权利和义务，受到和国内公司同样的中央政府和地方官员管辖。此前，外资企业根据公司所在国的法律通过治外法权运营，而不依据中国法律。对于在中国成立的各类公司，法律规定至少有一半的股东必须居住在中国领土，而对于相当于一般美国公司的"股份有限公司"，董事长和总经理的居住地必须在中国境内，且董事长必须是中国国籍。

# 十一

除了制定这些基本政策外，经济规划进展甚微。关于行业地域格局、工业基地组成、具体的工厂选址、可行的装置规模、外国设备来源、时间目标和优先事项等许多政策仍有待决定。而这些决策的决定都有待于政治的发展情况。在缺乏某种政治秩序的情况下，沿着现代路线前进的经济规划无法取得实质性进展。

中国的人口素质和对发展的态度奠定了中国新经济结构发展的成功基础。外援固然对提供早期核心资本设备和技术至关重要，但只有当企业内部翻开新篇章，只有当中国自己主宰新制度，中国经济才能实现稳健增长。

试图预测中国的未来发展可能并不明智，但有理由相信的是，中国能够从现在的危机中崛起，在接下来几十年内对世界事务有一定的影响力。要分析中国的未来，有一点不应被忽视，即其作为一个民族数世纪以来的凝聚力。中国在漫长的历史长河中，有多次的分裂，但与此同时也展现了国家

生存的智慧才能。政治联盟增强了国家向心力，这种向心力
更长久地捍卫了当今中国的基本版图。

尽管近景并不光明，但在巨大需求的推动下，中国人民的
才智和活力既然能够建立以人力为基础的强大经济，也将能够
利用丰富资源进行工业化，以机械力建设更具生产力的经济。

# 科学教育诸方面
## ASPECTS OF SCIENCE EDUCATION

〔美〕顾临　撰

孙丹锦　译

众所周知，古代中国对世界万物——无论有生命与否，只要是他们接触到的——都做出了很多重要的贡献。也许正是中国学者和工匠们对近邻的这种强烈优越感和与远邦的疏于沟通，引发了一种自大自满的心态，最终使他们处于不利地位。与现代欧洲相比，中国无论在道德和哲学领域取得了多么重要的成就，在科学发展上却是远远落后了。

一直以来现代科学在中国都处于受者寥寥的状态。直到大约五十年前，中国在与日本的首次大战中惨败，人们才不得不对各种现代学术给予高度重视。与此同时，中国知识分子的态度也被迫发生了彻底的改变。1900 年的义和团运动和五年后的日俄战争（这场战争的主要受害者是中国）所导致的后续灾难更是加快了这一进程。

一

在日本取得对俄国的决定性胜利——这是历史上不可轻忽的重要转折点之一——之后，中国政治家开始自然而然地想到以日本为师，学习新学。因为在他们看来，日本在国家竞争中即使不能说超过了西方列强，也起码已经做到了与他们平起平坐。此外，去日本访学只需访美费用的一小部分就可以，生活费和学费都要便宜得多。结果是，与成千上万的留日人员相比，美国和欧洲的中国留学生只有少数。这一现象值得我们深思。

在 20 世纪的最初几年，中国新建立的高校及各类学校，还有新兴的专业技术部门，是由留日归国的毕业生主持的，但这一事实似乎并没有得到美国人的充分理解——无论他们是在华还是在美。例如，在 1931 年来华的国联教育专家团提交的报告中，中国教育系统中的日本背景几乎被完全忽视，尽管这一背景在清王朝的最后几年和中华民国建立的头几年中产生了支配性的影响。

在日本，很长一段时间内，物理学、化学和生物学的教育主要是为工程、医药、农业等职业性学习打基础。因此学校没有多大动力去从事这些方面的教学科研，只要达到政府认定的最低水平即可。此外，实验室的装备和维护费用也相当昂贵。除了官办的大学以外，很少有学校能够开设令人满意的科学类课程。

日本许多所谓的"大学"几乎完全靠征收的学费维持运营，因此主要招聘兼职教师。这些教师在分散的学校之间往返所花的时间几乎跟花在教学上的一样多。东京那些受中国学生光顾的学校尤其如此——其中一些机构几乎就是为了赚中国人的钱而建立的。早在大约二十年前，东京两所顶尖的私立大学之一①，其医学院水平一流，但在基础科学方面还

―――――――――――

　　① 译者注：此处似应指庆应义塾大学，1917 年开办医学部。

没有"系"的建制，尽管建立了几间设施简陋的实验室，在固定的时间里会有兼职教师在这里给医学预科的学生开课，但下课以后他们便离开了。

即使是某所历史悠久，声望斐然的知名教会大学，早在五十年前就收到了一幢科学楼作为捐赠，如今也依旧没有能力开设现代科学课程。1910 年，在东京登记的三千七百三十七名中国学生中，除军官学校学生和非正式的访学生外，只有四百零七人在有组织的政府学校学习；虽然将近六百人在最好的私立学校，但这些学校的设备却并不比政府学校强出多少。

这些事实有助于解释中国早期科学教育捉襟见肘的情形。只接受过传统教育的官员很难评估留学生在日本所受培训的价值，但他们却要负责给大半的归国留学生安排工作。由于这方面的原因以及物质的稀缺，许多归国的年轻人被安置于并不适合他们的要职上。

在 20 世纪初期的大部分时间里，中国几乎所有教育机构的科学研究都处于较低水平。无论是在学校还是官办机构，高水准的调查研究工作基本谈不上。然而这之中有一个值得强调的例外，即中国的中央地质调查所，它在几任杰出领导的持续带领下，很早就做出了为整个科学界所认可的成就。其中一位先驱，丁文江博士①，是南开的热心朋友和支持者。丁文江的与众不同之处在于，他把自己的领导职位让给了自己的朋友和合作者翁文灏博士②，他认为翁博士更有能力为困难时期的调查所指引方向。丁文江放下了其他所有的事务，集中精力为调查所做田野工作，最终于一次野外考察中不幸遇难。

需要指出的是，这两位学者在国家需要的时候受邀担任工业部门和政府的行政要职，这一点正好表明他们早期所受的科学训练是多么有助于他们在新的领域里以纯正的品格和高水准的专业能力开展工作。鉴于上述事实，还应指出，这两位先生都是在欧洲接受的科学教育——一位主要是在英国，另一位则在比利时。

## 二

在 20 世纪头二十年，即国民革命的兴起之前，科学教育的成绩乏善可陈。

---

① 译者注：丁文江（1887—1936），地质学家、社会活动家，曾任中央地质调查所所长、北票煤矿总经理、中国地质学会会长、北京大学教授等职。创办《努力周报》，参与"科学与人生观"大讨论。担任南开校董，1924 年宁恩承"轮回教育"事件中，丁文江曾到校调停。

② 译者注：翁文灏（1889—1971），地质学家，曾任中央地质调查所所长、北京大学教授、清华大学代理校长等职。曾担任南开大学矿科董事。

上海有一所提供工程和医学课程的学校①，是德国人创立的。德国人有一套远大的规划，这所学校是其中的一部分。第一次世界大战以后，这所学校被中国政府接管，但德国的影响只受到了部分削弱。与中国其他类似的学校相比，这里的设备相对充足，教员水平或许也更好，但这些学院的毕业生仍属平庸。除了少数几个不值一提的例外，绝大多数官办的医学院都由日本教授、在日本受过教育的中国人或本校的毕业生任教。这些医学院校的负责人对现代医学教育的需求掌握甚少，负责教育的部门支持力度甚低，以至于可以说这些院校并没有产生任何实际价值，甚至成了校内外有志之士推行改革的障碍。

教会办的医学院校更好一些，但是他们的标准却也不高，在国内的教会理事会往往无法为那些专心教研、通常也较有才华的教师提供他们所需的设备。同时，本地人的自尊、歧视性的规定和排外心理，也使得更有效地利用现有的人才和物质资源的提议受到阻挠。

农业学校和实验站在中国国内寥寥无几（即使有，也在很大程度上受日本的影响），呈现出令人沮丧的画面。南京的一所学校②例外——在那里，富有价值的野外调查工作得以开展，从该校走出来的一些毕业生在后来的工作中证明了他们

---

① 译者注：此处指同济大学。
② 译者注：此处指金陵大学。

所受训练的价值。

值得称道的是，基础化学和物理学，甚至生物学，在政府或教会的支持下得到了广泛的传播。交通部所负责的工程学院在唐山（长城附近）、北京和上海办的工程类大学①为铁路、电报及电话服务提供了技术人员。在天津，也有一所类似的有声望的大学②——那里的教授们多聘自美国，提供工程和法律的相关课程。

<h2 style="text-align:center">三</h2>

20 世纪 20 年代初也许是公立学校的低谷。国内战争和文化水平低下的军阀的统治导致大学和其他学校相继破产。教师们的薪水被长期拖欠，用于改善教学设施的资金也严重匮乏。但正是在这样的困难时期，随着国立北京大学的新文化运动兴起，真正的热情和进步的力量悄然苏醒。

首先，从欧美顶尖学术机构留学归来的男女学生现在已经成才，并开始在学界、政界和社会事务中展现出日渐强大的影响力。

私立学校比那些公立学校更敏锐地感受到了这种新的时

---

① 译者注：1921 年北洋政府交通总长叶恭绰合并建立交通大学，下设唐山、北京、上海三校。

② 译者注：即国立北洋大学（今天津大学）。

代风气。早在 1912 年，彼时刚刚退休的哈佛大学校长查尔斯·艾略特（Charles W. Eliot）在天津度过了几个星期，南开学校及其校长张伯苓博士给他留下了很深的印象。1919 年成立的南开大学，彼时已经基于南开中学（通常被认为是中国顶尖的中学之一）的坚实基础，开始在天津建立一个新的知识中心。南开的朋友们为大学捐赠了一系列建筑，其中包括一栋科学楼，里面设备齐全，物理、化学、生物实验室远远优于东京知名学府庆应义塾大学。

复旦大学等上海附近的其他高校则正处在健康发展的阶段，科学教育受到重视。教会支持下的高等教育也得到不逊复旦的发展，尤其是北京的燕京大学。南京、上海、福州、广州等地的高校也很出色。

北京协和医学院①正在开展堪与欧美优秀学校媲美的医学教育新课程，该校致力于与其他医学院校保持密切联系，互帮互助。那里为医学在读生和毕业生，甚至是无意在医学上深造的科学家们创造了基础科学研究的机会。

在成为中华民国的新都之前很久，南京就已经开始自然成为教育中心。国立东南大学是从一所师范院校发展出来的，和北京类似高校依赖华北的军阀办学不同，它从本地获得了更为可靠的支持。

---

① 译者注：1929 年国民政府教育部将其改名为北平协和医学院，1949 年 9 月复称北京协和医学院。

也许这个时期最重要的变化是清华大学的逐渐演变——清华大学从一所向美国大学输送学生的预备学堂变成一所大学程度的学校,本国的学生毕业后可以直接在清华念研究所。实际上,清华大学虽然是一所国立学校,但因为它有来自庚子赔款基金会的经费支持,更像是一所私立大学,其多数决策不受当时负责监管清华大学的外交部干涉。

这些学校都将科学置于重要地位,其设备达到了与美国许多较好的小型学院近似的水平。

1924 年,中国教育文化促进基金会成立,负责管理当时由美国政府减免的庚子赔款的剩余部分。其主要职责是发展科教事业,通过技术培训推动科技的应用。

早期的基金会特别注意加大对七所主要的师范院校理科院系的资助,其初衷是改善中学的科学教学。来自政府的拨款并不稳定,基金会计划通过己方出资,使全职教授席位所需的较高薪金能够有可靠来源,剩余的款项则可以用于维护设备和购买补给品。同时,基金会也为中学提供了一些实验性的赠款,并对一些主要的公立和私立大学、中国科学学会生物研究所和中央地质调查所提供了更高数额的拨款。研究生奖学金和奖励制度也得以建立。

除了其他贡献之外,基金会开始兴建一座宏伟的国立图

书馆①。除了一般性藏书，图书馆还会特别注意对科学文献的
搜集。在那个政治不稳、财政混乱的时代，这个计划并没有
达到预期效果，但它对科学进步做出了真正的贡献，并帮助
了一些出色的研究人员继续学习，直到更好的时代到来。

## 四

1927 年到 1928 年，北方的军事独裁政权被打败，南京
国民政府也在 1927 年成立，中国历史翻开了新的篇章。新政
府的领导人采取的最早一批举措，就包括组织一家国家研究
机关，现在被称为中央研究院，其研究范围涵盖了所有学科。

大学、中学和各类科研机构的预算增加，已经承诺的拨
款也已下发；政府很快规划成立了卫生部，实验室设施完备，
还下辖一家高水平的医院②。中央农业实验所则积极着手解
决一些中国农民面临的最为迫切的问题。

同时，中国铁路系统外债的逐步赔付，以及英国退还庚
款董事会提供的大量资金被用于建设事业中③，使许多工程
项目的经费问题得以解决，也为国内外工科学校毕业生提供
了新的就业机会，给他们带来了希望。

---

① 译者注：即国立北平图书馆。
② 译者注：即南京的中央医院。
③ 译者注：英国 1925 年决定将庚子赔款中剩余的赔款用于中国铁路建设。

尽管遭遇了诸多险阻，上述事业依然如火如荼地展开着。1931 年的长江洪灾、华中地区的内战，以及与日本实际上的战争（虽然并未宣战，且断断续续）——这场战争始于日军1931 年对中国东北的侵略，在 1933 年日军占领热河及河北部分地区时白热化，之后战火延伸到内蒙古。东北的海关收入完全丧失。因为走私受到日本军队的保护，北方其他地区的关税收入只剩涓滴。

然后，在 1937 年夏天，中日正式开战。实际上，所有建设性企业要么完全停止生产，要么被迫转移到远方的中部省份。被迫转移的企业苟延残喘了将近十年，虽然也有一些企业情况要比预期好得多，这都归功于其领导者的勇气和智慧。

当然，这其中最成功的迁移莫过于之前提到过的南开中学。张伯苓博士富有远见地提前在重庆郊区规划了一片美丽的土地（这片校园在不少方面都优于天津的老校区）。这所重庆学校看起来为直到彼时都被忽视的西部地区做出了重大贡献。

现在才开始认识中国的一些评论家可能会认为，之前几段所描写的图景未免有些过于乐观，并不是所有事业都获得了应有的发展。规划和执行方面的错误并不少见，但是对于那些也经历过此前的几十年，从而能与过去几十年进行比较的人来说，种种进步是惊人的。不仅仅是科学教学和科学技术的实践有所改善，学术研究也已经启动。

　　三十年前，中国对科学几乎毫无贡献。然而在过去十年中，来自中国的科学家的名字频繁出现在科学文献索引中，其中不乏一些为重大科学发现做出了贡献的人。

　　这场战争使得许多靠国内友人资助的在美中国留学生断了经济来源，他们无法回国效力。有些留学生继续学习，其他人则在美国的工厂中担任工程师、绘图员和机械师。有一个中国人做了新英格兰某家造纸厂的副总裁；有些人或是成为美国大学的助教或讲师，或是在医学院的门诊部或实验室工作；还有许多人参加美军，为政府部门工作——情报工作和文职机构的科技部门都有他们的身影。这些人在工作中做出了非常出色的成绩，而他们中有不少人的教育主要是在中国国内完成的，这一点证明现代科学已经在中国扎根并迅速成熟。

　　请大家拭目以待，中国高校的自然科学，连同人文学科和社会科学的发展将取得有益的成果——正是中国文化的特质使这种成果的取得成为可能。不妨大胆预测一下，中国人的传统智慧将使其比很多西方人更能体会到，科学给人类带来的最好礼物并不在于物质方面（虽然这方面的成就很多都很重要，也给人类生活带来了便利），而在于为解决人类问题提供了客观的研究方法，使人们能对观察到的事物及现象进行冷静的思考，得出有理有据的结论，而非基于偏见或传统权威而妄下定论。

# 对西方农业的贡献
## CONTRIBUTIONS TO WESTERN
## AGRICULTURE

〔美〕卜凯　撰

孙丹锦　译

　　按照大多数西方人的传统观念衡量，中国农业是一种原始的古代农业体系。但如果认为它对西方世界没有任何贡献，态度又未免有些普遍的自我主义。即便是对于那些本国的农业科学取得了巨大进步的农学家，古代农业也能给他们带来启发。事实上，实行科技兴农的国家尤其需要向古代农业学习。

　　受过现代农业思想培训的中国人往往对本国农业体系持怀疑态度，没能看到其优点及它对其他国家的贡献。他们为自己所用工具之原始感到羞愧，却忘记了这些工具其实非常适合像中国这样人口与耕地同样庞大的国家。中国生产的小麦总量和美国不相上下，且用镰刀在两周之内就可以收割完毕。至于水稻，产量是美国的两倍多，同样用的是镰刀。这些镰刀的种类十分多样，早在我们国家的谷物收割机械制造商开发锯齿刀几个世纪之前，中国锯齿镰刀就已经开始被使用了。

一

　　虽然水稻是中国最重要的单一作物（其次是小麦），但其他作物也大量进入消费市场，包括大麦、高粱、小米、玉米、大豆、豌豆、蚕豆、红薯、花生、油菜籽（用于榨油）、甘蔗（用于制糖）和芝麻（用于榨油；被运往我国制造色拉油）。

　　相比之下，爱尔兰马铃薯、胡萝卜、南瓜和比我国种类更多的蔬菜则不太重要。非粮食作物中，棉花足以供给全国人的衣物和床上用品的生产，而苎麻、蚕丝及其他纤维如麻及亚麻等的产量较小。

稠密的人口迫使人们只得把蔬菜作为食物能量的主要来源（食物只有2%来自动物）。因此，营养学家需要从中国人的饮食习惯中学习很多东西——他们推荐的饮食搭配可不能仅限于他们最熟悉的本国产品。

关于如何有效地利用土地，中国人能教我们，而不是我们教他们。中国食品供应（虽然不算太好）近五亿人口的日常消耗，这个人口数量比其他任何国家人口的约数都要高，且每户赖以生产的土地面积不足四英亩（按：约1.6公顷）。

然而，尽管有大量的谷物和其他植物产品的消费量很大，但中国每平方英里（按：1英里≈1.61公里）耕地饲养的家禽家畜数量仍比美国要多，这是因为四分之三的动物要用于耕作、驮运。其他重要的动物是供人食用的猪和鸡；山羊、绵羊、鸭和鹅则不那么重要。因此，中国农业生产的本质就在于其丰富性。它以品种繁多的作物、禽畜及因地制宜的种植方法为基础，有着几千年的经验积累。所有这些都经过了不断试验，从而能适应土壤、气候和食物消费的需求。中国的六千万个家庭农场相当于六千万个饱经几个世纪风霜的农业实验室。通过试错，中国已经研发出适合中国经济的作物、禽畜品种和农耕方法。自然，如此众多的农民总结出的经验不仅适用于中国，也适用于其他国家。

## 二

这种知识的一部分已经传到西方。尚待发掘的还有许多。

西方对中国种植作物的引入是偶然的或间接的，但其他一些努力，例如美国农业部的尝试，则是一直在有意识地寻找适合于美国的植物。农业部所得的直接结果，也许可以分为四个类别：数百个植物品种尚处于试种和开发的实验阶段；一些作物已经被纳入这个国家的农业体系中，最重要的是大豆；一些纯粹的观赏的植物被广泛应用于园艺；其他用于新品种植物的育种。

处于试验和开发阶段的植物数量众多，只有少数更有种植前景的植物会被提及。其中有：竹子；猕猴桃，一种可用于制作果酱或水果鸡尾酒的可口酸水果；葡萄树；开心果树，美国进口的这种树的坚果广泛用于为冰激凌和糖果着色；旱地榆树；速熟和优质的甜樱桃树。

在已经被纳入美国农业体系的作物中，大豆是最值得一提的。施永高①列举了两个早期的失败例子来介绍大豆。一个是由本杰明·富兰克林带回来的在法国移种的中国种子；另

---

① 译者注：施永高（Walter Tennyson Swingle，1871—1952），美国农业植物学家。

一个是由乔治森教授从日本带来的大豆种子，后来被证明不适合他所居住的堪萨斯丘陵的气候。

1909 年，当大豆的研发工作仅仅处于起步阶段时，植物产业局的莫尔斯博士①受命负责相关工作。他曾指出，植物产业局收集的外国品种、品系约有两千五百个，存放在不同的种库里，他自己从东方带回来的品种也在其中。

有一批总计有八百组样种来自金陵大学（the University of Nanking）②，其中包含了被证明特别适合我们南方各州的品种。为了确定采集的品种是否适合在当地生长，需要进行一系列试验、检测、甄选育种工作。目前，植物产业局共有八个大豆苗圃，覆盖了从北到南的地区，贯穿中西部和南部各州。

这些对植物品种和培育方法的深入研究，使我国外来作物的种植面积从 1907 年的五万英亩迅速发展到 1945 年的一千零八十七万三千英亩（按：约 441 万公顷），产量达到一亿九千二百万蒲式耳（按：约 69.83 亿升）。大豆已成为我们的主要作物之一，而这完全是拜先见者所赐，他们认识到大豆的重要价值，将其引入美国并加以研发。

有限经济生产中的其他作物是：桐树，即木油树（1945 年为三万五千一百吨）；柿子〔1942 年加利福尼亚州的种植面积为一千三百五十八英亩（按：约 551 公顷）〕；大枣（一

---

① 译者注：莫尔斯（William Joseph Morse，1884—1959），美国农业学家。
② 译者注：本文作者卜凯即金陵大学农业经济系的缔造者。

种中国枣）；几种中国蔬菜；中国梨；中国栗子；荸荠，一种
生长在水田里的块茎植物，加上奶酪拿砂锅烤制，能做成很
美味的菜肴；几种大豆，将其加工成食物，与豌豆和青豆的
食用方法相同，一样可口但营养价值更高。

观赏植物现在几乎遍布花园和公园，值得瞩目的是黄连
（以美丽著称）、茶、攀缘蔷薇和金樱子，还有菊花、山茶花、
印度杜鹃花、温室樱草、山牡丹、栀子和铁线莲。

## 三

根据施永高博士的研究，源于中国但经由其他国家传入
美国（此历程长达几个世纪）的植物有：谷类（玉米除外），
高粱和某些品种的燕麦，绝大多数的蔬菜作物，以及除了山
核桃、柿子和柑橘类水果以外的所有常见的温带地区的果树。

主要用于杂交和选育的品种也数量繁多，其中包括梨、
桃、柿子和樱桃，以及板栗。作物的特殊品种也被用于育种。
一个很好的例子是来自中国南方的一些品种的玉米，其淀粉
会变成红色而不是典型的蓝色，当美国长老会上海代表团的
牧师范约翰[①]在 1908 年送了一小块样品给美国农业部境外引

---

① 译者注：范约翰（J. M. W. Farnham，1829—1917），美国传教士，1860
年来华，在上海创办清心书院，除教授文化课程外还兼授种植、纺织等工艺，1875
年主编中国第一份儿童画报《小孩月报》。

种处时，它首先被引入美国。爱荷华州的植物育种家用这种中国糯玉米与四种近亲杂交出了一个新品种，保留了原有品种的所有优良特征和糯性。作为这项努力的成果，一种新的玉米淀粉问世了，可以代替木薯粉使用。1945 年，爱荷华州立学院将这种新型玉米种植了好几公顷，收获所得玉米作为种子分发给种植户，种植户再向私人企业出售这种可替代木薯粉的玉米淀粉，以满足战争的需要。

以上这些进展，是在爱荷华州立学院实验站主任罗伯特·E·布坎南博士的指导下取得的。布坎南博士表示，通过调查，发现其他国家作物种类和农业生产经验可以获得诸多回报，对这些淀粉种类的世界范围内调查仅是一个例子。这将使我国的科学家能够研发出全新或改良的品种，创新或改进我们的农业生产。

和中国植物一样，中国动物也为我们的农业做出了贡献。中国的猪品种最初被带到英国，与肉质粗糙的大型本地猪交配以优化猪种。我国猪品种的祖先就是在这些杂交猪种中诞生的。波中猪①，顾名思义，其血统中来自中国种猪的成分可能比任何其他品种的猪都多。

家禽方面则主要注重体型较大的品种的引进，例如浦东鸡和狼山鸡。尽管体型较小的北京矮脚鸡也非常有名，但人

---

① 译者注：波中猪是美国尤为古老的猪品种之一，系由中国猪、俄国猪、英国猪等杂交而成。

们知道它主要是因为它是个珍奇的品种，而不是它在经济上如何重要。棕色和白色的中国鹅，也起源于中国；北京鸭也是如此，它在1873年被引入，很快成为几乎所有商业性鸭场中最受欢迎的品种。除了少数例外，所有北京鸭几乎都是最初那二十只鸭子的后代。

## 四

　　探险家们毫不含糊地表达了中国对我们的恩惠。威尔逊①在强调过去贡献的同时，也强调了未来的潜力，他说美国园艺界从远东受惠多多（以后还会更多），因为许多堪称珍宝的物种都来自那里。施永高博士也表达了类似的观点，他认为很少有美国人意识到我们的首席农业"债权人"是中国，而且中国很有可能会继续为我们提供新物种、新食物，教会我们从营养的角度食用蔬菜。

　　美国政府为传播关于中国的包括农业在内的知识做出的诸多努力之中，有一项成果是国会图书馆的中国藏书。到1946年，其数量达到二十四万册，仅次于中国国内和日本。在这些藏书中有许多关于农业的著作，其中涉及对改善我们

---

　　① 译者注：威尔逊（E. H. Wilson，1876—1930），英国的植物采集家，以"中国的威尔逊"（Chinese Wilson）闻名。曾用十二年时间深入中国西部，采集了四千五百种植物标本，并将上千种植物种子带回西方。

自己的农业有用的植物、动物和生产方法。仅在一本书中就描述了四百种大豆。

负责管理这一收藏的恒慕义博士回顾了它的发展历程。收藏始于 1869 年，彼时中国皇帝赠送了数百册中国典籍。1872 年，从首位美国驻华公使顾盛①的图书馆中得到了两千五百册中文书入藏。1901—1902 年，美国公使柔克义②赠送了六千多册。1908 年，一套足有五千零四十册的中国百科类著作《古今图书集成》被一位特使从中国带到了华盛顿，以感谢美国对义和团赔偿金的大额豁免。到 1927 年，国会图书馆已经收集了大约八万册中国图书，这大部分来自施永高博士的努力。

这些对我们农业的有意识增补最初是如何被设计、测试和传播的呢？现在从中国这样的国家借鉴学习不是意外；它显示出一种努力，即科学地、有意识地为我们的作物和观赏植物增添品种并提高其质量，无论它们是食用性的还是有工业用途。人们无论是造访外国植物引进司的工作站（进行各种试验的花圃），还是细读（这就稍显枯燥了）卷帙浩繁的《植

---

① 译者注：顾盛（Caleb Cushing，1800—1879），美国外交官，首任驻华公使，1844 年代表美国与清政府签订《望厦条约》。

② 译者注：柔克义（William W. Rockhill，1854—1914），美国外交官、汉学家、藏学家，曾担任美国助理国务卿、美国驻华公使、北洋政府外交顾问等，著有《1891—1892 年蒙藏旅行记》《中国的人口调查》等，并将《岛夷志略》《法句经》等译为英文。

物引种》和《目录杂志》——这些出版物中列举了所有引进的植物，包括引进时间、发现者和每种植物的简要说明——都会对这项持续约半个世纪的工作留下深刻印象。美国农业部植物产业局在引种的起步阶段和发展阶段所做的试验是这样描述的（摘录自 1916 年美国农业部年鉴）：

> 在农业部的植物引种苗圃里，繁殖室、冷床、板条棚、温室和其他设备配备完善，有训练有素的管理人员、经验丰富的植物繁育人员，以及一群能干的园丁和劳工，所有这些为繁殖和初步试验由境外引种处每年引入的数千个新品种提供了极好的条件。他们还可以将新的植物原料有效地分发给农业部各个分局的专家、国家实验站以及成千上万的私人试验者。这些私人试验者占有并开垦我国广大的农业用地，对新型作物有种强烈的需求，无论是把它作为一种全新的作物，还是要用它取代那些已不再能为本地带来商业利润增长的作物。用于园林景观的观赏树木和开花植物也非常紧俏。

> 每年这些新植物在农业部的花园中繁殖，与试验苗圃、试验果园和永久作物一起，为所有对发展更广泛的农业感兴趣的人提供特殊的学习场所。感兴趣的人可以有机会访问这些地方，并亲身了解新植物引进的有趣往事。

正是在这些农业部的植物引种基地中，农业专家通过育种和选种确定了哪些植物具备潜在的经济价值。

其他重要的探索是威尔逊为哈佛大学的阿诺德植物园（Arnold Arboretum）做出的，这些探索在几本插图详尽、内容有趣的书中都有报道。威尔逊对中国的植物群印象深刻：

> 毫无疑问，中国有着世界上最为丰富的温带植物群。中国发现的树种数量远多于其他北温带地区的种类总和。除了山核桃、悬铃木和刺槐之外，北半球温带地区已知的每一种重要阔叶树种都在中国被发现。在那里发现了除红杉、落羽杉、扁柏、日本金松和雪松以外的所有相同气候区域的针叶树。在北美洲，除墨西哥外，约有一百六十五属阔叶树种。在中国，这个数字超过了两百六十个。在邱园（Kew）出版的《树木和灌木手册》（*Hand-List of Trees and Shrubs*）中列举的三百个种类的灌木中……半数都可以在中国找到。

探险家和其他许多科学家一致认为，我们目前的发现只是冰山一角，应该更努力地探索其他国家的植物、动物、寄生生物品种和相关经验。而且，对于中国等其他国家来说，分享这些知识将带来巨大收益，他们将从这些被引进作物在引入国的进一步发展中受益。

# 六①

然而，尽管我国农业从中国和其他国家那里获益良多，我们必须承认，对有用植物和生产经验的接受速度实际上是非常缓慢的——毕竟存在影响新作物生产和消费模式建立的实际障碍。栽培技术、加工方法、烹饪方式，种种一切都需要学习。市场的开拓则需要付出巨大的努力。

我们不能因为已经取得的成功而忽略失败的案例。我们成功的例子有大豆，中国则有花生——传教士把花生引入中国后，在没有组织培训的情况下，花生的种植及消费便风行全国了。这种花生比中国的小个头儿花生品种优越，最重要的是，它们的生产和消费方式非常相似，因此不需要额外的推广教育。但对于其他作物，如爱尔兰马铃薯，尽管它可以为中国农民带来巨大的潜在收益，但其推广速度仍然缓慢，这是因为其栽培和制备技术都需要专门的学习。

最终的答案是教育，那由求知之心带来的教育。在加速新产品的推进过程中，集中的教育计划必不可少。当然，在此之前，必须先通过科学研究和试验确定这种植物具备经济价值。

---

① 译者注：原文如此，应为"五"。

# 医学今昔

**DOCTORS OLD AND NEW**

〔美〕胡美　撰

郭宇昕　译

　　中国的医学可追溯至数千年前，可西方人对它的发达程度与影响力仍然知之甚少。约三十年前，法国东方学家高第①曾这样说过：

　　　　西方人将世界历史的范围仅仅局限在以色列、希腊和罗马等国，对整个人类的拓展却所知不多。对那些扬帆于中国海和印度洋的航海者，穿行于广袤中亚大地而直达波斯湾的马队，他们毫不知晓。殊不知，那才是这个世界的大部分，这些文明虽不同于古希腊、古罗马，其发达程度却是等量齐观，只是不为那些撰写历史的人所知而已。他们写的只不过是自己那点儿小小天地，却觉得自己写尽了整个世界。②

　　显然，我们欧洲人的祖先一直以来都忽视了幼发拉底河以东的广袤空间。比如说，我们知道诺亚时代的大洪水摧毁了美索不达米亚平原的大片土地，但我们现在已经知道这并不是一场世界性的洪灾，因为我们已经站在一个新时代的起点了。我们要力图打破过去我们祖先的偏狭视野，重新正确评价中亚和东亚的古老文明。

---

　　① 译者注：高第（Henri Cordier，1849—1925），又译作亨利·考狄（高第），法国汉学家。
　　② 译者注：出自高第作《中国通史》（ *Histoire Générale de la Chine* ）卷1，1920年，第237页；转引自罗素作《中国之问题》（ *The Problem of China* ）英国乔治·艾伦与昂温出版公司，1922年版，第28页。

　　中国人和我们祖先一样，也总是将自己视为世界的中心，他们也把自己国家以外的人都视为野蛮人。这就是中国国名的来历，意为"中央之国"。一千多年前，中国的唐宪宗为迎佛骨举办了盛大典礼，一位伟大的中国文学家韩愈对此表示强烈反对，他进谏道："佛本夷狄之人，与中国言语不通，衣服殊制；口不言先王之法言，身不服先王之法服；不知君臣之义，父子之情。"①

　　这对中国人来说是合乎情理的。中华文明一直高度发达，在历史长河中延绵不断。因此，他们对本国的文化传承引以为傲，而对自己不甚了解的其他文明嗤之以鼻。

一

　　中医大约在公元前 2000 年前已基本成形。不过这时间通常会追溯到更早——那是因为中国人相信，一种文明或一项成就的历史越久远，那么其意义就越重大。正如其他早期文明一样，中国的医学也和宗教迷信、占星算命、巫蛊之术相互混杂。我们可以从一句罗列了种种职业的谚语里知道，医生是和算命的、占星的和相面的人相提并论的。②

　　祭司和巫师垄断了医药的运用，这在汉字中"医"字的

---

① 译者注：出自韩愈《谏迎佛骨表》（一作《论佛骨表》）。
② 译者注：即"医卜星相"。

象形文字上得到了充分体现，它由如下几部分组成：上半部分是一个箭袋和一支矛，下面则是一个象征男女巫师的符号。随着时间的推移，那个象征巫师的符号被象征着酒罐子的符号所取代，这说明当时医学中已经出现了以酒为药的做法。其他的汉字也为我们进一步了解中国本土医药系统的演进提供了线索。例如，在委婉地描述性病时尤其可信：有一个汉字代表颜色鲜艳的鸟，这个汉字被选用作为基本符号而与代表"病"的部件相组合。

　　在中国，医学史上的著名人物在知识分子里的知名度远远高于当前美国医学史上的名医在美国公民中的知名度。很少有美国人知道埃夫雷姆·麦克道尔、德雷克、奥斯勒、霍尔斯特德、弗莱克斯纳和韦尔奇。[①]但在中国，每个识字的人都知道传说时代的三皇，他们生活的年代远早于公元前1000年；另外还有三位鼎鼎大名的医者：扁鹊、华佗和王叔和。格雷格博士（Dr. Gregg）将他们概括为"窥自然之理"的经验主义者。他们比那些反复考究自然之理的实验主义者要早得多。

---

　　① 译者注：埃夫雷姆·麦克道尔（Ephraim McDowell，1771—1830），世界上第一个摘除卵巢肿瘤的外科医生；德雷克（Daniel Drake，1785—1852），美国医学家，撰写了一部划时代的著作《论北美内陆山谷的主要疾病》，创办了多所医学院；奥斯勒（William Osler，1849—1919），内科学家；霍尔斯特德（William Stewart Halsted，1852—1922），外科学家；弗莱克斯纳（Abraham Flexner，1866—1959），美国医学家、教育家；韦尔奇（William Henry Welch，1850—1934），病理学家。

　　三皇之首是伏羲，相传他的母亲离奇地怀孕，怀胎十二年后生下了他。他制定了婚姻的规则，并为他的国家建立了一整套制度。最重要的是，他是八卦的发明者。八卦象征着自然的演进，其蕴含的思想也是道家对哲学、医药学进行讨论的基础。八卦一般由如下部分组成：在一个圆圈里，一道双圆弧线将圆圈内为两部分，代表了"阴"和"阳"——它们被视为自然最初的力量。圆圈外又有八组三重线围绕，这三重线或相连或断开，按照一定的规则排列成不重复的组合。这是用于抵挡邪祟的常见符咒，或曰护身符。

　　伏羲之后是神农，一位天才的农学家。当时他的人民饱受病痛之苦，见此情形，神农便立志要在大地百草之中寻找治病的办法。很快，人们开始传颂"神农日尝百草"的故事。他亲身去测试百草的药效，为其药典的编纂打下了基础，这部药典后来成为中国人近三千年来一直引以为傲的宝贵财富。他还调查了溪流和泉水，记载了它们的矿物成分，以便人们能够知道如何利用。"由是斯民居安食力，而无夭札之患，天下宜之。"①

　　相传，这位伟大的农夫还是音乐和其他高雅艺术的守护神，他"作扶耒之乐，制丰年之咏"②。中国的医药行会将神农视为他们的保护神，每逢农历初一、十五，他们都会在神

---

　　① 译者注：出自吴乘权等辑《纲鉴易知录》卷一之《五帝纪》。
　　② 译者注：出自罗泌《路史》。

农的神龛前焚香祷告，当日的药价一律打九折。神农被尊为医学之父，许多城市都会建造药王庙以示对神农永远的纪念。

　　古代中医史上第三位值得纪念的人物是黄帝。他的臣子岐伯是一位优秀的医师，岐伯与黄帝的对话被记录在《黄帝内经》中，这部书是中国所有医药典籍中最重要的一部。传说黄帝生活在公元前 2000 年前，不过这部托名于他的著作很可能形成于公元前 250 年左右。这本卓越的著作尚未完全译为英文，但约翰·霍普金斯大学医学史研究所的伊尔萨·威斯博士[①]正在进行这项工作。

　　这部经典收录了很多名言，比如：

　　　　圣人不治已病，治未病。[②]

　　再比如：

　　　　黄帝曰：夫自古通天者，生之本，本于阴阳。天地之间，六合之内，其气九州、九窍、五脏、十二节，皆通乎天气。其生五，其气三，数犯此者，则邪气伤人，

---

　　① 译者注：伊尔萨·威斯（Emerita Ilza Veith，1912—2013），出生于德国，1947 年获约翰·霍普金斯大学医学史研究所的第一个医学史博士学位。她在约翰·霍普金斯大学医学史研究所期间，主攻《素问》研究，于 1949 年翻译了《素问》第 1 章至第 34 章并出版。这是《素问》的第一个西文版本，对后世中医典籍的翻译产生了较大影响。

　　② 译者注：出自《黄帝内经·素问》之"四气调神大论"。

**此寿命之本也。**①

让我们从这三位传说中伟人的年代里跳到另一个年代吧，这个年代里的历史人物尚有可靠记载。每个中国人都知道下面这几位在医药和外科领域做出了杰出贡献的人。

他们中的首位是生活在公元前 5 世纪的扁鹊。他的师父长桑君在山坡上给了他一份神奇的粉末，告诉他："饮是以上池之水三十日，当知物矣。"②也就是说用雨水、露水、雪水和冰水来冲泡它，以使其溶于水后更有药效。在某种意义上，这算得上是现在蒸馏纯净水用法的先驱了。

中医史上最著名的医学家张仲景在公元 196 年在世，他最为人所知的著作是《伤寒杂病论》，这本著作堪与《黄帝内经》齐名。该书之所以流行，还有部分原因在于其文风典雅，颇受中国学者之推崇；它也是一本书法家乐于临摹的书法书。我所拥有的版本是据湖南省政府主席何键 1937 年抄本而制版翻印的。何键工作时，每天都会抽出时间练书法。

张仲景是一名伟大的医师，他是中国历史上第一位使用灌肠疗法的人。他写道：

**阳明病，自汗出，若发汗，小便自利者，此为津液内竭，虽硬不可攻之，当须自欲大便，宜蜜煎导而通之。**

---

① 译者注：出自《黄帝内经·素问》之"生气通天论"。
② 译者注：出自司马迁《史记·扁鹊仓公列传》。

若土瓜根及与大猪胆汁，皆可为导。

　　猪胆汁方：大猪胆一枚，泻汁，和少许法醋，以灌谷道中，如一食顷，当大便出……①

　　张仲景标志着一个医学新纪元的开始。他指出，疾病必须通过临床研究，而且必须重点关注体征与症状，关注病情的发展以及药效，而不是拘泥于前辈传下来的病理。在他著作的序言中，张仲景写道："余宗族素多，向余二百，建安纪年以来，犹未十稔，其死亡者，三分有二，伤寒十居其七。"②从那时起，他便将自己的生命奉献给了这一特殊疾病的研究。

　　张仲景之所以超于常人，不仅因为他具备敏锐的观察能力，还在于他对医疗事业崇高的理想主义情怀，这份情怀洋溢在其医学著作的字里行间。他提出了崇高的构想，认为医生救死扶伤的高尚使命具有崇高的尊严。他还为人们在就医时的无知和易受愚弄而哀伤。

　　华佗与张仲景几乎生活在同一时代，他被尊为外科鼻祖。相传他治疗时只稍加药物、略施针灸。他是水治疗法的先行者。有一次治疗时，他故意无视寒冷的天气，让一名女病人坐在石质水槽中，命令自己的助手朝她身上浇一百桶冷水。仅仅浇到七八桶的时候，那名病人便开始剧烈发抖，华佗的

---

① 译者注：出自张仲景《伤寒杂病论》之"辨阳明病脉证并治法"。
② 译者注：出自张仲景《伤寒杂病论·序》。

助手们都吓坏了。但华佗仍然坚持让助手如数浇水。等浇了大约八十桶水以后，病人周身腾起了蒸气，足有两三尺高。待到最后一桶水浇完，华佗点起火，将病人置于暖床上，并用被子将她捂了个严严实实。通过这一看似夸张的治疗，病人彻彻底底发了一通汗，病也就好了。①

华佗是第一个将系统锻炼视为治疗的有机组成部分的人，他说：

> 人体欲得劳动，但不当使极耳。动摇则谷气得消，血脉流通，病不得生，譬如户枢不朽是也。②

不过真正令华佗获得盛名的是他对麻醉剂的使用以及他技艺高超的外科手术。他给接受手术的病人一杯加了麻沸散的酒，让病人失去知觉，从而保证能够在病人腹部和背部顺利实施一些大手术。关于华佗治病，中国有一个著名的故事：一位名将在一场战役中手臂中了毒箭，华佗便给这位将军做了手术。对于熟读《三国演义》的中国人来说，下列华佗和病人之间的对话可谓家喻户晓：

---

① 译者注：出自陈寿《三国志·魏书二十九·方技》，原文为："有妇人长病经年，世谓寒热注病者。冬十一月中，佗令坐石槽中，平旦用寒水汲灌云当满百。始七八灌，会战欲死，灌者惧，欲止，佗令满数。至将八十灌，热气乃蒸出，嚣嚣高二三尺。满百灌，佗乃使然火温床，厚覆良久汗洽出，著粉，汗燥便愈。"

② 译者注：出自陈寿《三国志·魏书二十九·方技》。

公（关羽）饮数杯酒毕，一面仍与马良弈棋，伸臂令佗割之。佗（华佗）取尖刀在手，令一小校捧一大盆于臂下接血。佗曰："某便下手，君侯勿惊。"公曰："任汝医治，吾岂比世间俗子，惧痛者耶！"佗乃下刀，割开皮肉，直至于骨，骨上已青；佗用刀刮骨，悉悉有声。帐上帐下见者，皆掩面失色。公饮酒食肉，谈笑弈棋，全无痛苦之色。须臾，血流盈盆。佗刮尽其毒，敷上药，以线缝之。公大笑而起，谓众将曰："此臂伸舒如故，并无痛矣。先生真神医也！"佗曰："某为医一生，未尝见此。君侯真天神也！"

关公箭疮既愈，设席款谢华佗。佗曰："君侯箭疮虽治，然须爱护。切勿怒气伤触。过百日后，平复如旧矣。"关公以金百两酬之。佗曰："某闻君侯高义，特来医治，岂望报乎！"坚辞不受，留药一帖，以敷疮口，辞别而去。①

在这一较早的历史时期里，第三位卓越的医师是王叔和，他是作为中国脉学经典的作者而广为人知的。他将把脉作为一项必要的程序，要求左右手腕都必须经过把脉，然后仔细观察两手的脉象。男子先查左手，女子则先查右手。

---

① 译者注：出自罗贯中《三国演义》第七十五回"关云长刮骨疗毒 吕子明白衣渡江"。

在此之后，自公元 280 年始到公元 1578 年，基本上没有什么值得一提的人物，直到李时珍出现。李时珍写成了中国著名的中医药学巨作《本草纲目》。为完成这部多达五十二卷的巨著，李时珍研究了一千零七十四种植物药品、四百四十三种动物药品和三百五十四种矿物药品。全书共有一万一千零九十一份药方来指导人们如何调配以上药品。此外，书中还配有一百四十二幅简图。

这几百年来，中医的伟大成就可归纳为以下四个方面：

1. 诊断方式；

2. 用药方法；

3. 诊疗过程，比如天花疫苗的接种；

4. 医学专著和资料库。

经过几个世纪的发展，医疗诊断的步骤也逐步成形。首先是"望"，也就是观察。相比我们欧美人所知的医学诊疗法，中医更关注对面色、皮肤状态以及其他表征的观察。我曾经坐在一位老中医的旁边，看他检查病人的身体，他记录下我从未注意的现象，并从中有所发现。

其后是"闻"，也就是仔细倾听。医生仔细记录下病人从鼻、口、胃、肠发出的呼吸、呻吟、嘟哝以及其他一些不正常的声响，并给出相应的解释。

第三步是"问"，也就是询问病人的病史。这时的医生就像经过现代医学疗法训练过的一样。他会问："病痛开始时的天气如何？你家庭里夫妻之间、父母与子女之间的关系是否不和？家里是否会因访客的打扰而不安？病痛开始时，你是否有经济压力和焦虑？你是否曾经与经常造访的僧道不和？"世界其他地区一般不会问这些问题来了解病情。

最后一步是"切"，即切脉，是诊断中最关键的一步。

我一直记得自己造访一位贵妇人的经历。她躺在有重重帷帐的大床中，让仆人们告诉我她的病史。当仆人们说完了，她才从床帷中伸出手来，递给我一尊小小的、象牙制成的裸女雕像，并说道："由男性医生来检查女人的身体还是不太方便，所以我只能在这尊牙雕上示意我哪里疼痛。如果您就这样检查，同时再结合对我脉象的观察，做出全面的诊断结论应该不难，因为我们的医学先贤千年来都是这么做的。"

中国制造药剂的数量远远超过西方国家的想象。洋地黄和乌头、马钱子、矿物质等药物在这片土地上可谓人尽皆知。石膏，也就是硫酸钙，得到了广泛使用，它不仅仅作为药物，还被作为沉淀剂加入煮沸的豆浆中，使之变为在中国随处可见的豆腐。同时，中医不仅将那些常见的植物或矿石用于治疗，还敏锐地从各种动植物中发现所需的材料，确保了药物来源。几个世纪以来，海藻都是治疗单纯甲状腺肿的处方药；肥鱼肝则一直用于治疗肺病和腺体肿大；猪肚治疗消化失调的效用人尽皆知。这些古代的治疗方法对应的现代疗法今天已经很常见了：我们用碘化钾治疗甲状腺肿，用鱼肝油治疗肺部疾病，用脱脂猪胃萃治疗某些特定胃病。此外，现在广泛入药的、来自动物身上的成分，在中国也已经利用了几个世纪了，比如今天我们称之为"麻黄素"的东西早就是古代中国人的药剂了，另外还有在鹿角上发现的造血物质等。

医学史上一般认为，是玛丽·沃特利·蒙塔古夫人将预防天花的种痘术从君士坦丁堡带到了英格兰。这一起源并无争议。但早在公元前，中国就已经将此技术付诸实践了。在中医的记载里，有关天花的历史算得上最引人瞩目的地方：传说，有一名年轻妇人皈依佛门后，发愿要前往藏地边缘的峨眉山。后来那里的妇人们都成了她的弟子，并从她那里学到了如何从天花病患处收集痂皮以准备接种疫苗的材料。她敏锐地发现，如果痂皮是从那些只有少数脓疱的人身上取得的，制成的疫苗对人体伤害更轻。

据估计，中国大约出版了超过一万二千种医学书籍，其中相当一部分都没有收录进官方的目录集成书中。很多私人藏书家建立了收藏宏富的私家藏书楼，其中不少人都保持着固定的联系与交流，建立起了交换机制，使藏书家之间得以互利互惠。

许多专著都可供阅读，其中数量最多的是与疗法与药方有关的书，其次是药物和药物学的论著。有关外科手术、卫生学和助产术的书籍数量较少，也反映了这方面的相对落后。另一方面，有许多论著详细记载了天花、伤寒、儿科疾病、眼科疾病、膳食营养、脉学、艾灸和针灸等。此外，有关麻风、性病亦有论著备述之。以上每种疾病的历史都非常值得去仔细研究一番。其中最重要的一部与脚气病有关的论著成书于汉朝最初十年。脚气病被认为始发于双脚，而后患者会产生蚁走感，继而出现麻痹、乏力、肌肉挛缩、水肿等症状。基于此因，在公元 265 年的时候人们给它起了"脚气"这样一个广为人知的名字，而进入医典则在公元 610 年。

## 二

可以确定的是，基督教聂斯托利派传教士最早在公元 635 年便将一些西医知识带到了中国，随后来华的传教士们也常有医士随行。但现代医学真正进入中国应当与耶稣会有关。利玛窦于 1601 年抵达北京，随即确立了耶稣会的科学地位。1692 年，三名传教士被送往罹患疟疾的康熙皇帝处，而他们刚从罗马带来的金鸡纳霜（按：奎宁俗称）——一种治疗疟疾的有效药物——由其他耶稣会教士在秘鲁发现。康熙帝康复后龙颜大悦，赐予了耶稣会教士一块地皮，准予他们建立教堂，也就是今天著名的北堂①。

---

① 今西什库天主教堂。

在 1805 年，一名英国医师，亚历山大·皮尔森博士①开始在中国南方接种大花疫苗。这距爱德华·琴纳②于英国做出那载入史册的攻绩仅有十年。从那时起，西医的教学与实践得到了重视。郭雷枢③于 1827 年在澳门开设的医院毫无疑问是"中国开设的第一家使西医造福于饱受苦难的中国病人的机构"，这家医院叫作澳门眼科医院。比这更早一些的时候，新教派往中国的第一位传教士马礼逊④，与李文斯敦⑤一道，在广州开办了一家服务于穷人的诊所，"绝大多数情况下使用中国医生和中药"。虽然郭雷枢不是一般意义上的"医学传教士"，但他确实是一位相当热忱并富于献身精神的虔诚信徒，甘愿为服务大众而奉献自己的聪明才智。他来到中国是受"贸易延伸到中国的东印度公司"的派遣。

1835 年 11 月 4 日，伯驾博士⑥创办了远东第一家医学传

---

① 译者注：亚历山大·皮尔森博士（Dr. Alexander Pearson），英国东印度公司医生，1805 年将牛痘疫苗由澳门带到广州并试验接种。其中国助手即邱熺，后来著有《引痘略》，将牛痘接种术推广至全国。

② 译者注：爱德华·琴纳（Edward Jenner），英国医生，他于 1796 年在英国成功接种牛痘疫苗，被称为"免疫学之父"。

③ 译者注：郭雷枢（Thomas Richardson Colledge，1797—1879），英国东印度公司传教士，他提出了影响深远的"医学传道"（Medical Mission）的理念。

④ 译者注：马礼逊（Robert Marrison，1782—1834），英国伦敦会宣教士，西方派到中国大陆的第一位新教传教士，在华凡 25 年，在许多方面都有首创之功。

⑤ 译者注：李文斯敦（John Livingston，生卒年不详），东印度公司外科医生。

⑥ 译者注：伯驾（Peter Parker，1804—1888），美国首位来华医学传教士，广州博济医院创始人。

教士医院——也就是后来闻名于世的"广州医院"①。伯驾是
"第一位由布道委员会任命的医学传教士"。他受美国波士顿
公理会派遣，将自己的一生奉献给服务中国的公益事业中。
伯驾不仅致力于将现代医疗手段带入中国，还"将西医传授
给中国的年轻人，使中国在新科学发现上有所积累，反过来
可以有效促进大众在医学知识上的进步"。伯驾是第一个将麻
醉术介绍到中国的人，他在 1847 年的一场手术中便使用了
乙醚，而这仅仅发生在波士顿进行的那场值得纪念的乙醚试
验②几个月以后。我们得知，"上至钦差大臣，下至最卑微的
苦力，所到之处，伯驾得到了所有人的感谢与信任。一位年
长的中国士绅因得到伯驾的医治而成功恢复了视力，他请求
伯驾允许他聘请一位本土画师画下伯驾的肖像，使他得以每
天向其行礼。也难怪执事官评价他说：'当欧洲人哪怕一点儿
缝隙也弄不开的时候，伯驾博士却用手术刀打开了中国的大
门。'"

　　1850 年前，两名中国学生跨越重洋。其中一名叫容闳，
是第一个在海外取得学士学位的中国人（他于 1854 年毕业

---

　　① 译者注：即博济医院，今中山大学附属第二医院—孙逸仙纪念医院，它
由美国传教士伯驾创办的"眼科医局"发展而来，是中国历史上第一所现代化
医院。
　　② 译者注：指美国牙医威廉·托马斯·格林·莫顿（William Thomas Green
Morton）于 1846 年 10 月在波士顿麻省总医院（Massachusetts General Hospital,
MGH）完成的世界首例公开展示的成功的乙醚麻醉手术。

于耶鲁大学）。另一名叫黄宽，他跨越美国前往爱丁堡，在那里成了首位取得西医学位的中国人。

可能近代中国学医的人里面最出名的就是被誉为中华民国"国父"的孙逸仙医生（按：即孙中山）了。他在广州医院开始学医，也就是伯驾事业开始的地方。但很快孙逸仙又前往香港，追随解剖学和外科教授詹姆士·康德黎博士（Dr. James Cantlie）专心学习。其他还有一些杰出的医生如何启、林文庆，在中国南部为国人树立了榜样。此外，同样还有非常优秀的女医生。1885 年，金韵梅从纽约的医科学校毕业回到天津，成为女性从医者的领袖人物。在她之后的女医生有石美玉和康爱德，她们都是从密歇根大学医学专业拿到学位的。这几位女性是推动中国助产士培训学校发展的先行者。在早期的从医人员中，许多人注定默默无闻，因为他们在那些事业心重的西方内科学先锋人物开办的私人医院接受培训，那些先锋人物坚信自己的事业绝不能因为缺少助手而失败。

1911 年中国东北地区疫病的爆发，客观上给防疫事业带来了发展机遇。大量病人染上了致命的肺病（肺鼠疫）。伍连德博士在这场疫病中脱颖而出。他在剑桥大学接受了医学教育后回国，担任"北满防疫处总医官"，后来还担任过总统特医。但是，现代医学在辛亥革命以后才得以在中国站稳脚跟。那些优秀的医生，无论中医还是西医，都开始兴建医院，开启医学教育事业，形成了多个中心。不过，直到 1926 年国民政府定都南京①，全国范围的现代化实践才有了成熟的计划。1927 年，刘瑞恒博士奉命建立卫生部②，并逐渐将中央机构扩展到全国各地，在各省都建立了站点，由此建立起全国范围的国家医疗体系。省卫生处位于各省省城，与周边各市、县卫生局形成网络，再下一级又有乡村卫生院。在最近的抗日战争中，公路卫生中心也建立起来了，有很多都是机动的。战争期间，省级卫生组织建设在四川这个大省取得了最令人瞩目的成绩。当战争开始时，全省仅三个县有卫生局，其余上百个县的需求都无法得到满足。而到了 1945 年战争结束的时候，超过七十五个县都建起了卫生局。

国家医疗体系的另一项显著成果是现代妇产医院获得了更多的投入。过去中国主要都是请接生婆来负责接生，但她们对清洁原则几乎一无所知，也鲜有人掌握母婴科学保育的方法。在 1937 年，四川省的省城成都也只有极少比例的新生儿诞生于现代的卫生中心。但在战争进入尾声时，在成都已有百分之五十二的新生儿降生于政府设立的妇产医院了。湖南省是第一个建立了省级卫生组织的省份。卫生专员的选拔

---

① 译者按：原文如此。实际上宁汉分裂、蒋介石宣布国民政府定都南京应为 1927 年。

② 译者按：原文如此。实际上国民政府卫生部（后改称卫生署）于 1928 年 10 月在南京成立，刘瑞恒先后任卫生部常务处长、部长。

由省级卫生部门和国家卫生部共同参与。每个省的省城都建立了大型省级医院，与之配套的还有行政主管部门和足以覆盖全省的医疗资源。

有记录可查，现代医疗手段和包括护士培养在内的现代医学教育正式进入中国要归功于传教士们。从1850年到1910年的这段时间里，中国战乱连年，清政府被迫和西方列强签订了一系列不平等条约，因此它无暇去考虑如何通过现代化的途径为人民建立起完整的医疗体系。当辛亥革命尘埃落定，中国的医生和护士便开始谋划现代化。他们主要着眼于促成中央政府的改变，建立教育部和卫生部，通过二者的合作达到目的。一些省份开始开设地方医科学校，并竭尽所能提供教员和设备。到了1921年，据确切统计，全国已有二十四所医科院校，其中十一所完全由中国人开办，十一所由西方人控制，剩下两所则由中外联合运营。当年由中国人开办的医学院中，一所为教育部医学教育委员会主办，一所为陆军主办，一所为海军主办，其他有四所为各省设立，四所为私立。同年，两所西方人控制的医学院也在一定程度上得到了政府的支持，其中一所位于奉天，由日本政府控制，一所位于香港，由英国政府控制。

位于北京的北京协和医学院由协和医学堂发展而来，协和医学堂是由三个英国教会和三个美国教会联合开办的，具有卓越领导力的苏格兰医生托马斯·科克伦①将这些教会的力量统一起来。北京协和医学院于 1921 年创办后持续发展，追求卓越，在抗日战争前几年成为远东排名最高的医疗护理教育中心。

　　1921 年，前面提到的两所医学机构实现了合作，其中一所是位于广州的广东公医学堂，由陶德博士（David Todd）创办，作为一所教学中心活跃了许多年。另外一所位于长沙，是由美国雅礼会和湖南育群学会联合创办的湘雅医学院。二者联合运营了二十年之后，湘雅医学院在 1934 年变为完全由中国董事会控制②，该董事会在此之后还拥有邀请美国人前来工作的特权。到 1938 年，湘雅医学院如愿以偿归入教育部管理，并从此改名为"国立湘雅医学院"。但与医学院合作的医院和护理学校仍属私立机构，不受政府控制，由当地市民组成的董事会管理，同时美国人仍可以自由身份被邀请加盟。

---

　　① 译者注：托马斯·科克伦（Thomas Cochrane），一译柯龄，伦敦医学会驻北京传教医师，曾因为慈禧太后看病而获信赖。1904 年科克伦上书力陈设立医学堂之必要，得到了慈禧太后及清政府的支持，医学堂于 1906 年落成。是时，有伦敦会、公理会、美国长老会、美以美会、安立甘会及伦敦医药传道会先后参与创办，故以 union 为名，称协和医学堂（Union Medical College）。

　　② 译者按：疑有误。1924 年，因湖南育群学会和美国雅礼会联合创办湘雅"十年协定"期满，双方于 1925 年 5 月 8 日签订了新的"十年协定"，规定湘雅医科大学全权由中国方面管理，学校董事会完全由湖南育群学会负责产生。1931 年，教育部核准湘雅医科大学校董事会立案；同年 12 月，学校更名为私立湘雅医学院。

自 1921 年以来，中国的医疗事业取得了巨大进步。在全国各地有上万名合格的中国医生，接受过培训的护士数量与之相当。其中一些人可能从低层次的学校毕业，但其水准也在稳步提升。预防医学领域的水平同样也在稳步提升中。上文提到的刘瑞恒博士担任国家卫生署的第一任署长，其后颜福庆博士担任过一段时间，并在 1940 年由金宝善接任。这三位杰出的领导者在他们将近二十年的任期内主导了巨大的转变。他们不仅建立了一系列的医院和相关管理部门，还创办了流行病学局、实验室、研究中心和培训机构。在中国医学发展史上没有哪个二十年里发生过这样大的进步。要知道，日本开始入侵中国的时候，这二十年才刚刚开始一半，结合这一点来看，这份成绩更加不同凡响。如今，中国在教学和研究上还需要大量接受过培训的人员。那些为有前途的青年男女远赴欧美深造提供奖学金的机构，保障了现代医学得以在这片古老的土地上永远扎根。林可胜博士指出，当前战争时期的一大重要特征就是军队需要大量训练有素的医务人员，但这已经超过了目前医学院校一百年所能培训的人数。1937 年日本全面侵华战争开始后不久，他辞去了北平协和医学院生理学系教授一职，创建了急救医疗的训练与服务组织。大批青年男女接受训练，从事某些特定工作，并表现得相当出色，如皮下注射、处理绷带溃疡或是肢体残疾、治疗眼睛疼痛等。林可胜博士尽可能快地让这些仅接受过简单培训的人能够接受更多的训练，使他们逐步掌握更多有用的技能并取得文凭。很多人都有疑问，中国能否在仅仅几十年的时间里提供足量的医务人员以满足这个国家的需求——除非对林可胜博士所创建的系统加以调整并在全国范围内推行。

　　医学研究也快速发展。在香港大学、北平协和医学院，还有其他的教学中心，现代科学研究都得到了重视，许多研究与传统中药有关，尝试发掘它们对现代科学的价值。战争爆发前，日本在上海和奉天都有科学研究机构。但在当时的中国成果最多的机构当数雷士德医学研究院①。雷士德医学研究院的创办得益于一位英国人雷士德所捐赠的遗产。他初到上海时只是一名身无分文的小男孩，随后他用一生的时间积累了数以百万计的财富，并在死后将它捐赠给了教育和医学研究事业。在雷士德医学研究院，伊博恩博士②被一群杰出的中国研究人员包围着，他们在营养学、维生素、药理学等领域都取得了显著的成就。

---

　　① 译者注：雷士德医学研究院（ Henry Lester Institute for Medical Research ），始建于 1932 年，以英国旅沪著名建筑师、地产商和慈善家亨利·雷士德的遗产建造。
　　② 译者注：伊博恩（ Bernard Emms Read，1887—1949 ），一作伊伯恩，英国著名生理学家、药学家，在华致力于中医药研究事业，将《救荒本草》等中医著作译为英文。

# 一位学者的肖像
## PORTRAIT OF A SCHOLAR

〔美〕恒慕义　撰

张昊苏　译

　　在这部旨在通过中国最伟大的现代教育家（张伯苓）的成就评述中国近些年多方面发展史的文集中，详细叙述一位18世纪历史学家的生平并非跑题——他与张伯苓博士同为一省之人，且他身上所展示的特征，亦为张博士所拥有。他们都成长于狂风凛凛的华北平原，那里阳光明媚，空气异常澄澈，人们眼光宏阔——这不仅仅指宏阔的视野，同时也指其宏阔的智慧。他们两人都受益于这环境的熏染，此正乃孔子所说的"北方之强也"。

　　我认为我所叙述的内容已被历史所遗忘，是因为在这位勇敢的历史学家去世后的一个多世纪，我们的主角一直令人奇怪地被他的同胞所忽视。这位主角不论是在有生之年抑或长眠很久以后，都没有得到过公正的认识——今天张伯苓博士已经得到。相反，他那令人惊叹的现代性，他那与我们当下时代思潮的紧密联系，直到近二十五年来才得到新文化运动领导者们的全面认识。

　　我在此阐述他的事业，不仅仅是因为他为中国古典研究点亮了一盏明灯，更是因为他提供了一个契机，以展示出在张伯苓博士所经历的最艰苦的岁月中，中国涌动着怎样的思想潮流。就在张伯苓博士在南开大学培养年轻一代理解西方科学与文化的时候，一群现代史学家也在以这位18世纪学者的精神（至少部分地）重新评估中国的文化遗产。

　　这位学者姓崔名述。他于1740年诞生于一个叫魏县的小县城，这个地方从属于大名府，位置在北京南部偏西约三百英里（按：约480公里）处。在蒸汽机和内燃机尚未发明的岁月里，生活于这一地区的人们需要乘马车经过十二三天的漫长之旅，才能抵达国家的首都。1816年，崔述正是在这与世隔绝之地去世，享寿七十六岁。或许可以补充一句，他似乎从来没有与任何西方人有过接触，其著作中亦显然没有提到过相关的内容。

一

对于像崔述这样深深植根于自己文化传统的学者，我们是很难将他的生平介绍给西方读者的。所涉及的人名与地名，他所思考的问题、所读过的书籍，在我们眼中都显得有些陌生。不仅如此，他的思维方式和世界观都与我们所持的欧洲文化传统相去甚远。因此，我不得不省略掉一部分他的生平，或给出不完全的解释，因为这些解释过于错综复杂，会让我们远离文章的主旨。

然而，在思考这样一位与我们颇为类似但时代相隔甚远的人物时，也有一些优势。他所面对的是普遍的、现代的问题，但却使用合乎他所处时代背景与文化逻辑的方式来解决。我希望自己能够借此机会打开一扇窗户，以窥得中国人的生活与思想方式的某些远景，而这正是西方世界所未曾深入探索过的。

孟子曰："人之有德慧术知者，恒存乎疢疾。"[1]

崔述正是如此。他的一生是一种奇怪的挫败和胜利的混合物——而挫败感似乎常常占据主导地位。在崔述十七岁那年，他的出生地魏县被黄河的支流漳河所淹没。1758 年，魏县不得不被废置。1449 年所建的那长达两英里（按：约 3.2公里）的绕城砖墙尚在，但是近两个世纪熙熙攘攘的商业街却静默了，曾经人声鼎沸的繁华之地现在已经是正在被耕作的农田。

通过观察耕地上突兀的石牌坊顶部的榜额，人们仍然可以辨别街道的位置。这些牌坊都是 1758 年之前建立起来的，以纪念当地具有地位的人们——其中不少是崔述的祖先。在崔述的这些祖先中，有些人在政府中身居高位，有些人是治河专家，有些则是杰出的古文家或诗人。

因此，在崔述的早年，他看到的是如此明显的现象：文化传统被自然灾害湮灭，荣耀的家族走向贫困——而这与智力或道德的堕落无关。

崔述的曾祖父名叫崔缉麟，他的高尚品格见于他本人的著作。他的著作在水患后幸而保存下来一部分残章断简，这也是崔述和他的弟弟年轻时所钟爱的读物。崔缉麟的著作表

---

[1] 译者注：出自《孟子·尽心上》。

现出 17 世纪中国文人流行的古怪腔调，其内容表现出儒家
道德热忱与道家自然哲学的结合。这两种思想水乳交融之后，
乃形成中国士人的教养之源。

从崔缉麟仅存的一篇散文与他的诗选中，我们很容易认
同崔述对曾祖父的评价："公任事二十年，无尺布斗粟之私，
以廉名于乡"①，当他辞却名望优厚的官职时，"诸生攀辕泣
留者趾相属"②。崔缉麟的这篇遗文名为《备庐说》，它标志
着作者的人格在某种程度上堪比我们美利坚个人主义的先驱
亨利·梭罗。其文如下：

> 戊寅冬，筑室一间，土为壁，芦为盖，仅容一几，
> 坐可三人。客有访者，俯首屈腰而入，见其床无席，寒
> 无火，一茶盏，主客递饮，笑曰："过萧条矣！盍稍为备
> 乎？"

> 予曰："子谓我弗备耶？而我之弗备者，岂止于庐中
> 之用耶！蔬不充，衣不完，出不能车，役不能仆，此非
> 不备者乎？然而其小者也！何以无愧于心？何以无亏于
> 身？何以答廊庙？何以慰苍生？何以名闻当时而声施后
> 世？由此言之，我之不备可胜道哉！

> "然吾有此室，为之置经，而帝王圣贤备在焉。为之

---

① 译者注：出自《崔东壁遗书》之《先段垣公行状》。《崔东壁遗书》，顾颉
刚编订，上海古籍出版社，1983 年版。后注皆引自此版本。

② 译者注：同上。

置史，而治乱兴废备在焉。为之置笔墨，而天地之大，日月星辰之远，风雨之变，山川之奇，鬼神之异，物类之繁，兵农水火礼乐之事，忠佞贤奸之人，歌舞啸咏之况，无不可由我记载考核抒写论断焉。不可谓之不备！

"若夫彩梁画栋，碧瓦丹檐，锦屏翠帐，朱箔檀床，金猊吐焰，兽炉熨火，一切陈设之器，应用之物，精致希罕，光怪陆离，莫不压陶朱而欺金谷，则世俗之所谓备，仍不自以为备，而日求备于无已者也！吾辈贫士，何能备此，亦何必备此！

"孟子曰：'万物皆备于我。'此室也，亦有皆备之我在，乌可谓之不备！子启我乎，吾得名吾之室曰备庐。"

又为之铭曰："不备者吾之庐；皆备者庐之吾。吾有庐，庐有吾，乃可谓之备庐。"①

二

我们再来介绍崔述的父亲崔元森。他继承我们前文所提及的崔氏祖先遗志，对科举甚有野心，但因家贫而未能成功。他曾五次奔赴需十日路程方能抵达的省城保定参加乡试，却屡试不第，最终绝意仕进，成为一位清贫的乡村塾师，并培

---

① 译者注：出自《崔东壁遗书》之《备庐说》。

养他的儿子们完成他的未竟之业。

崔元森是孔门实践之学的狂热信徒，因此他反对从佛教中衍生出来的获得知识的直觉方法，并认为这会淆乱经学的基本教义。崔述这样评价自己的父亲："有远志，思有所建白于世，声色服玩，未尝一寓目……值家贫无灯，则读书月下，或焚残香，逐字映而读之。"①

崔述接着写道："魏故小县，学者以为举业外，不复有他事。……习于时俗所尚，咸务取科第，莫肯沉心殚力以探其奥者。惟述兄弟日侍膝下，颇略得其梗概。"

对于自己所受的启蒙教育，崔述如是说：

> 初，述之生也未弥月，先君即抱述怀中，而指谓吾母李孺人曰："愿儿他日为理学，足矣。"甫解语，即教之识字。四岁，即教之读书……未尝令与群儿戏。蒲博、管弦、斗鹑、猎犬之事，未尝令一涉于耳目也。
>
> 少长，则告之曰："尔知所以名述之故乎？吾少有志于明道经世之学，欲尔成我志耳。尔若能然，则吾子也。"

尽管如此，崔述所受到的教诲并不总是那么严格和集中，他也有很多可以放松的时刻，下文所示是他进一步的回忆：

> 先君教述兄弟虽严，然不禁其游览。幼时，不过旬

---

① 译者注：出自《崔东壁遗书》之《考信录自序》。

月，即携之登城（城在宅后，故尔）。观城外水渺茫无际，不觉心为之旷。外城上礼贤，迓旭两台，亦往往携之登眺。盖恐其心滞而不灵故也。其后述每遇佳山水，辄觉神识开朗，诗文加进，知幼时得力于景物者多也。[①]

另一个非常重要的方面是，他们的父亲在教育中一直强调，要通过白文玩索经典意蕴。崔述写道："教人治经，不使先观传注，必先取经文熟读潜玩，以求圣人之意。俟稍能解，然后读传注以证之。"[②]

崔述经常谈到这种教学方法，称这对他早年学术成形产生了决定性的影响。这在一定程度上可以解释为什么他的思想和写作中具有独立判断的特征。

## 三

崔述的母亲拥有罕见的人格力量，她是读过些书的。按照她的习惯，在一天的工作结束以后，她会于黄昏时分课子读《大学》《中庸》，以为之发蒙。虽然崔述的弟弟为母亲写有一份简短的行述，而且其中也有不少引人入胜的参考资料，但令人遗憾的是，崔述给母亲所写的生平介绍未曾刊刻。

---

① 译者注：出自《崔东壁遗书》之《先君教述读书法》。
② 译者注：出自《崔东壁遗书》之《考信录自序》。

1754 年，好运降临到崔述和弟弟崔迈的头上，时崔述十四岁。知府朱焕遴选了四五个潜力非凡的年轻士子，特命他们留在衙门内伴自己的儿子读书，接受特别的指导。崔述兄弟都在其列。

他们在一座叫"晚香堂"的小楼中学习。晚香堂建于 1570 年，当 1931 年一群来自北平的历史学家来此访问时，小楼尽管因年久失修而颇显凄凉，但依然伫立。在这座小楼里，年轻士子们远离尘嚣，在知府的私人指导下学习。当然，以今天的眼光看，他们所受的教育会被批评文学过多，而科学几乎被忽略了。尽管如此，这还是造就了优秀的人物。

士子们学着深入思考，并用清晰雅洁的文字记录下他们的思想。他们以史为鉴，思考三千年来的成败得失。他们吟咏那些成为经典的"经"，这些书之所以能成为经典，是因为其能拓展人们的思维。这些"经"讲述出个人在整个世界中的定位，人格如何在人际交往中成熟，以及即使是在贫穷和黑暗中，人也能过着体面和高雅的生活。

就在年轻士子们的父母正为儿子们的成长感到欣慰时，他们却遭受了一连串几乎无法忍受的灾难。这些令人断肠的灾难后来被崔述在作品中连篇累牍地描述。前文已述，崔述的故乡魏县——这个崔氏祖祖辈辈显扬声名的城市，被改道的漳河所吞没，不得不并入位于其西十五英里（按：约 24 公里）的大名县。崔述是这样描写那些岁月的："屡迁徙，贫困奔走，饔飧不能给，或夜中涉波涛、冒风雨，凡数岁未有宁居。"①

一位与他同时期的传记作家这样写道："自丁丑戊寅岁漳决城坏，十月之中，四迁其宅。二亲严冬犹着单衣，无麦食，豆羹而已。辛巳七月，城再没，一月三徙家。先生屡自郡归，附舟省亲：泛城脊以达；洪波千顷中……"②

但是对于崔述的双亲来说，这些岁月并不是毫无欢乐的，明亮的阳光偶尔也会透过阴影照射进来，他们的希望寄托在两位已名显乡里的儿子身上。1762 年，崔述兄弟在省城双双中举。


## 四

大约是在 1764 年的春天，崔述时年二十四岁。他前往五百英里（按：约 800 公里）之西的陕西省，去与一位叫成静兰的女子成婚。成静兰亦长于崔述的故乡，但这时正跟随任陕西邠州州判的父亲在陕西居住。静兰的名字有"娴静的兰花"之意。其字为纫秋，字面意思是"缝纫秋天"③，典出《离

---

① 译者注：出自《崔东壁遗书》之《考信录自序》。
② 译者注：出自《崔东壁遗书》之《崔东壁先生行略》，该文由陈履和作。
③ 译者注：作者这里的理解有误，也可能是为了方便西方读者而曲解。本句意为连接"秋兰"以为佩饰，并非"缝纫秋天"。

骚》"纫秋兰以为佩"之句。

早在 15 世纪，成氏家族就已成为当地闻名的望族。但与崔氏家族一样，成氏家族也在 1757 年的洪水中受难。成静兰与崔述同庚，但她死于 1814 年，比崔述早逝两年。五十年的时光里，成静兰作为崔述的忠实伴侣，伴随他度过著述生涯的每个阶段并投以全部的理解，毫无怨言地忍受崔述那孤独而贫困的事业生涯与人生浮沉。

崔述所撰的成氏生平行状遗失了，但幸运的是，1928 年成氏的诗集被发现。诗中用幽默而悲怆的笔调诉说了夫妇二人的悲欢忧乐，叙述了他们与贫困做斗争的努力，描写了他们的高尚情操。当丈夫用十三天时间奔赴北京参加科举考试时，妻子作诗以祝。诗中描写了妻子在丈夫离去后的感情，其言曰："遥怜卧病长安客，谁解绨袍赠故人"[1]，"从此似春蚕,日日添愁丝"[2]。

还有一首诗则描绘出崔述在读书时的图景：

> 近来学古益成癖，
>
> 独坐骚首常寂寂，
>
> 唤之不应如木石。
>
> 忽然绝叫起狂喜，

---

[1] 译者注：出自《崔东壁遗书》之《饕餮吟·送君子入都》。
[2] 译者注：出自《崔东壁遗书》之《饕餮吟·怀远》。

数千余言齐落纸。①

崔述的弟弟崔迈身上也有很多有趣的事情可说。崔迈也对历史批判充满热情，但他在三十八岁时英年早逝。他的诗稿直到 1934 年才被发现，人们在其中读出了与约翰·济慈相似的情感。

崔迈与济慈都死于肺结核，他们有着同样的高远志向，而均遭遇到可悲的挫折，对世界的残酷应有同慨。崔迈深感于人民在干旱、饥馑和洪水中的疾苦，并意识到那些没有运用手中权力以减轻这些问题的官员的无能。对此他有两句辛酸之言："何当脱缰系，奋然游八方。"②

崔述如是评价年轻时的崔迈："性喜博览，一书未见，如负芒刺于背。闻有异书，必求之，常历十余人转相嘱托；得观之，然后已。"③崔迈这种如饥似渴的求知欲，令人不禁想起亚伯拉罕·林肯年轻时候的话："我想知道的事情都在书里。能够给我未读之书的人，是我最好的朋友。"

崔元森病逝于 1771 年。直到三年之后，崔述兄弟才有能力将父亲安葬于已废置的魏县城南的一小块土地上（中国人经常会封棺停丧，直到节哀之后逢着吉时，才会举行葬礼）。到 1780 年，他们才有能力安葬了十年前就已去世的长姐。

---

① 译者注：出自《崔东壁遗书》之《爨馀吟·赠君子》。
② 译者注：出自《崔东壁遗书》之《寸心知诗集·晚归》。
③ 译者注：出自《崔东壁遗书》之《考信录·先孺人行述弟迈附载》。

　　1780 年 6 月①，崔述三岁的独子死去了；同年十月，他的母亲又病逝。次年的 8 月，崔迈去世，并且留下了三个遗孤。但是崔述夫妇能坦然接受命运并面对一切打击，这得益于儒家经典，而与令人痛苦的斯多葛主义迥异。他曾轻描淡写地说出"身非木石，何以为情"，这话实在是发人深省。

　　崔夫人在一首诗中哀悼死去的儿子和另一个夭折的女婴。诗中写道："安能学佛老，清静寂无为？"显然，崔氏夫妇是做不到如此的。他们既不会遁入神秘主义，也不会故作漠然。他们当会如托马斯·哈代所说：

　　　我们首先需要直面最糟的情形
　　　才有可能找到通向进步的路②

## 五

　　限于本文的篇幅，我们不可能说清楚崔述这位中国学者的学术贡献、治史倾向，或其学术论断的特殊意义。这需要我们细致纵览两千余年来的中国史学，即使只是简单勾勒出所涉的核心议题和学派纷争，也将是连篇累牍的。

　　当我们回忆起西方在过去两代才刚刚兴起的争论，想起

---

　　① 译者注：原文如此。但实际是农历六月。
　　② 译者注：此处采用了徐志摩《哈代的悲观》中的译文，参见《徐志摩全集 评论卷》，浙江人民出版社，2015 年版，第 121 页。

"高等考证"（higher criticism）的有效性或是《圣经》中部分篇章的真实性，会让我们对这类论争有些基本的概念——尽管在中国这一类的讨论兴起得更早，但由于缺乏最终的假设，因此讨论也没有这么高的热度。

崔述告诉我们，他在二十五岁时，就开始怀疑《论语》中某些篇章的真实性了。到了三十岁上下，他计划自著一书"以正伪书之附会，辟众说之谬诬"①。

崔述认为，那些于公元前 4 世纪之前成形的"经"，常被后世那些急于为自己学派找到特定理论支持的学者所误读，他们对旧籍强加了毫无根据的解释。这些学者并不深入思考文本自身所言，而是尝试折中前代杰出注家的歧说；如果无法弥合，则诉诸猜想和篡改。崔述将"悉本经文以证其失，并为抉其误之所由"②作为自己的研究方针。由于文本中许多内容在此后的两千年来被认为是无懈可击的，对它们提出质疑需要极高的聪明才智和不同寻常的道德勇气。

他说："君子当尽其在己。天地生我，父母教我，使天地间有我，而我又幸有此膰隙之明，如之何其可以自安于怠惰而不一言，以负天地而负父母乎？传与不传，听之时命，非我所能预计者矣。"③他把自己的情况比作"犹蚕食叶，既老，

---

① 译者注：出自《崔东壁遗书》之《崔东壁先生行略》。
② 译者注：出自《崔东壁遗书》之《考信录提要》。
③ 译者注：出自《崔东壁遗书》之《书考信录后》。

丝在腹中，欲不吐之而不能耳。名不名，非所计也。"①

崔述第一个指出，涉及远古时代传奇统治者的所谓"圣王"传说，是层累造成的，因此时代越久远的帝王，关于他的传说就越细致。他展示出，这些故事最开始仅仅是一些蛛丝马迹，随后在传播中滚雪球般扩大，直至这些积累的内容被当作史实，由此遮蔽后世许多历史、议论及哲学著作。

崔述大声疾呼：

> 乃学者但见其说如是，不知其所由误，遂谓其事固然而不敢少异，良可叹也！……今之去二帝、三王远矣，言语不同，名物各异，且易竹而纸，易篆而隶，递相传写，岂能一一之不失真！②

这些大胆的研究成果总称为"考信录"，即"研究信仰的记录"③。胡适博士说："《考信录》之作，只是要医世人信心太强之大病。考信只是'考而后信'，只是'疑而后信'。"④

崔述说："昔人有言曰：'买菜乎？求益乎？'言固贵精不贵多也。"⑤他批评学者们不知考辨文献的高下真伪，而在核心议题上墨守成规。他把这些人比作将受到金华火腿（大

---

① 译者注：出自《崔东壁遗书》之《东壁先生自订全集目录·跋》。
② 译者注：出自《崔东壁遗书》之《考信录提要》。
③ 译者注："考信"本意为"考察真实"，此处作者理解有误。
④ 译者注：出自《崔东壁遗书》之《科学的古史家崔述》。
⑤ 译者注：出自《崔东壁遗书》之《考信录提要》。

致相当于我们的史密斯菲尔德火腿）招待的宴上宾客。客人们莫不称美，然而却不知道真正的金华猪已被派去买猪的仆人带回家，而以一普通之猪替换了。

崔述说："此无他，子瞻座上之客皆有成见在心……余生平不好有成见，于书则就书论之，于事则就事论之，于文则就文论之，皆无人之见存。"①

毫不奇怪，当崔述发现古代典籍中显然毫无意义或难以确诂的段落时，辄坦率承认，并不会为之强赋意义。他亦不会沉溺于没有史实依据的理论探讨中。

"凡无从考证者，辄以不知置之，宁缺所疑，不敢妄言以惑世也。"②"悉本经文以证其失，并为抉其误之所由，庶学者可以考而知之，而经传之文不至于终晦也。"③因此，他合乎孔子说的那句格言："知之为知之，不知为不知，是知也。"④

崔述这种怀疑主义的方法与独有的质疑精神，在中国古典研究中并不罕见——崔述只是其中尤为大胆的例子之一。孟子说过一句著名的格言："尽信《书》，则不如无《书》。"⑤事实上，在中国历史上的每一个朝代里，都有一些人展现出这样的精神，他们的著作多流传至今。这是一个中国人应该

----

① 译者注：出自《崔东壁遗书》之《考信录提要》。
② 译者注：同上。
③ 译者注：同上。两段不属同一篇，且前后顺序相反，疑系翻译时撮录。
④ 译者注：出自《论语·为政》。
⑤ 译者注：出自《孟子·尽心下》。

为之骄傲的传统；尽管曾有被迫害的短暂时期，但大体上说，这个传统使他们不会过信一书、轻信神话、盲从领袖。鉴于这样的事实，崔述能够保持这样的怀疑态度是了不起的：他住在偏僻的地方，几乎没有能够理解或鼓励他的朋友，他还不得不面对在自己有生之年都无法被人认可的可能。

而且，正如他同时代的大多数人所做的那样，他的极度贫困本会使一个不那么正直的人走向谋求官场和公众好评的道路。崔述却说："顾家贫多病，衣食于授徒，焦劳于御侮，碌碌苦无暇日，加以居僻书少，检阅为难。"①

## 六

1792 年在崔述的生命中有决定性的意义。在这一年的 10 月，崔述正在北京参加进士考试。这时他意外地在客栈遇到了一个人，这个人几乎是唯一一个担起向后世传播崔述其人其学责任之人。

陈履和是土生土长的云南人，这地方与崔述的故乡相去甚远。陈履和比崔述小十一岁，两人无亲无故，纯以学问相交。在陈履和读过崔述的两部手稿，并与他讨论了历史批判的方法与目标之后，陈履和对崔述及其著作印象深刻，并请

---

① 译者注：出自《崔东壁遗书》之《考信录自序》。

求拜崔述为师。

如果说学术史上有那种命中注定式的会面，那么这当然是其中之一。很难想象，这段始于学问的不够稳定的同志情谊，最终却极为坚固。师生二人在北京的客栈中一起度过了难忘的两个月时间，随后两人分别并终生未再重逢。然而他们的情谊却维持了二十四年之久，直到崔述去世。

事实上，这仍非结束。陈履和将这段情谊保持至死，那已是这次不期之遇的三十四年之后。只要一读中国的历史，这段情谊的历史影响就会引人思考。胡适博士在给我的信中说这是"历史上最可爱的事情之一"，绝非虚誉。

现在，陈履和生命中唯一热衷的事就是确保老师的著作能够刊刻，并流传于世。为了实现这一目标，他不惜放弃了全部的名利之心、升迁之欲和养家之财。他一旦有所积蓄，或从朋友那里筹来足以校订刊刻老师著作的钱，就立刻征求老师的下一部书。这项工作既令人幸福又令人沮丧，因为在通信中必须讲清楚所有的修改和增订，而手稿不得不托付给好朋友或邮差。此外，陈履和正在从事对他而言可谓伟大的信仰——他将一切赌注压在了这位生前没有得到明显认可，也没有任何迹象表明他会在以后得到任何的认可的人的身上。下面这段陈履和对崔述的颂词，一方面表现出陈履和的远见卓识（因为他的预测已经应验），一方面也表现出陈履和愿意用时间检验一切的豁达胸襟。陈履和说：

> 其持论实不利于场屋科举，以故人鲜信之；甚有摘其考证最确，辨论最明之事，而反用为诋谋者。四海之大，百年之久，必有真知。[1]

接下来这段话可以呈现出学生对于这种信念的严肃程度：

> 南北数千里，相见无期。……夫古人事师，有左右而就养者矣，有数百里而负笈者矣，有千里而奔丧者矣，有弃官而行服者矣；今皆未能（他当时正在随父任职），计唯有早刻全书，公诸天下，以稍尽弟子之职。[2]

# 七

1796 年的冬天，崔述受命为罗源县知县，其地较偏僻，位于中国南方，在福州之北。次年春天，崔述夫妇带着小妾周丽娥一同南行。奇怪的是，这个妾是崔夫人在 1785 年在崔述并不知情的情况下自作主张所纳，是希望崔述能得一子，以照顾他们的晚年并料理身后之事。

罗源县时为法外之地，由于海盗盛行，此前几任地方官多治理不佳。强盗与衙役勾结，扣留旅客、商贾以勒索赎金；

---

[1] 译者注：出自《崔东壁遗书》之《崔东壁先生行略》。
[2] 译者注：同上。括号中的内容是恒慕义所增的说明。

如果所收贿赂不够，还会诬陷他们走私，并加以非法拘禁和人格侮辱。

前任地方官们发现，忽视或简单处理此类不公正的事件实为便利。因此当崔述履任时，人们均预料他也会照此办理。但是，罪犯们的诡计实在易于识破，证据又显然证明他们有罪，因此崔述认为他有必要查清全部真相——由于多年从事历史批判，他确有此资质。这些被告则指责崔述放过了真正的罪犯，一些人还以此控告他。然而，最后还是由当地巡抚维持了崔述的原判。

任职三年之后，崔述调任省内同样难以治理的上杭县知县。上杭县位于罗源西南两百英里（按：约 320 公里）。众所周知，该县的关税收入丰厚，因此从经济角度来说这一职位甚为理想。但令他的长随们惊愕的是，崔述用这笔赋税解决当地的寇盗之忧。

一日，崔述从街头小贩那里买了些用北方做法准备的卷心菜汤①，于是城中有传言说他"有肉不会吃，要吃白菜"②（意指如果他愿意的话，可以非常富有）。陈履和评价说："（闻者）不知先生安贫守介数十余年，虽多财无所用。"③

嘲讽和小的恐吓都不能阻止崔述伸张正义。陈履和评价

---

① 译者注：实际即菘粥。
② 译者注：出自《崔东壁遗书》之《崔东壁先生行略》。
③ 译者注：同上。

说："然后同官者服先生之明察而练事，顾不知其割晰疑似，细入毫芒，皆白读书考信中来也。"①

崔述在自己的著作中说："考古之与听讼，固一理也。"②此后他又在一篇文章中写道："余为吏，每听讼，未有言余误断者，然有谓余过细者。"③

在上杭任职一年半后，崔述调回罗源原任。尽管初任时曾在此遭遇过麻烦，但人们热烈欢迎他返任。陈履和记述说："罗源人悬彩颂德，持两端夹道而迎，大有儿童竹马之趣。"④

现在崔述可以在那里实现一些以前难以实行的改革。太平仓换入新谷，修葺文庙，倡议改变奢侈婚嫁、闹洞房等社会陋习。崔述召集地方士子，讲论经学之兴废、古书之真伪、旧说之是非，陈履和说他讲到"日下昃，娓娓不倦"⑤。

然而，崔述实无意于终身为官。在 1802 年的春天，崔述拒绝了巡抚的挽留，结束六年的仕宦生涯，与妻子同返故乡，欣喜地重归闲散。其妾周丽娥已于 1800 年去世，因此无缘北返。崔述写有一篇优美的传文以纪念她三十年的短暂生命。

此后的十四年里，夫妇二人在故园一带度过。崔述完成和修订了自己的手稿，并与陈履和通信讨论刊刻著作之事，

---

① 译者注：出自《崔东壁遗书》之《崔东壁先生行略》。
② 译者注：出自《崔东壁遗书》之《考信录提要》。
③ 译者注：同上。
④ 译者注：出自《崔东壁遗书》之《崔东壁先生行略》。
⑤ 译者注：同上。

这令夫妇二人忘记老之将至。尽管如此，他们还是被迫在贫困的阴影中度过晚年，至少有一次已经严重到不得不典衣易食的程度。

1813 年，崔述健康状况恶化，已经不能继续著述。他的忠实弟子陈履和本拟北上看望，但此时突逢父丧，不得不折返西南故里以料理丧事。次年崔述的妻子逝世，陈履和称之为"闺中老友，尽悉生平著书事耳"①。崔述也自知命不久长，他一定常常思虑及此，正如他一首诗中的美联所说：

　　岁不能有春而无秋；人不能有少年而无白头。②

崔述提起最后的力气，自订全集详目，慎重地聚其书为九函。1815 年 10 月 24 日，他写下最后的遗言："吾生平著书三十四种，八十八卷，俟滇南陈履和来亲授之。"③

次年 8 月，时为两人北京订交的二十四年之后，陈履和来到崔述家中，热切期望与老师再一次交谈。然而当他抵达时，却被告知崔述已在六个月前去世了。陈履和记述道：

　　家人闻叩门，曰："是石屏陈孝廉乎？"手全书及遗嘱哭授余。遗嘱曰："吾生平著书三十四种，八十八卷，俟滇南陈履和来亲授之。"……手泽心精，不忍注视，谨

---

① 译者注：出自《崔东壁遗书》之《崔东壁先生行略》。
② 译者注：出自《崔东壁遗书》之《负薪行》。
③ 译者注：出自《崔东壁遗书》之《三代考信录陈序》。

再拜柩前，奉以如京，将次第刻焉以永其传。①

陈履和在崔氏家中居十日，与其侄商讨下葬事，并为老师撰写了墓志。这墓志至今仍刻在老师的墓碑上。崔氏夫妇同葬一穴，地点在故魏县之城南，那里正是他们所生之处。

陈履和接下来又活了九年。多年以来，他一方面辗转各地任职，一方面尽量募款，以确保在自己有生之年能尽量多地刊刻老师的著述。

1817 年 11 月，陈履和写道：

> 以尽吾二十五年事师之职，以慰吾师四十余年著书之心，于愿足矣。……其余皆不复措手。呜呼！人生大节在三，履和居官无状，不能为圣天子牧养百姓；在家授徒，无一鸡一豚，以养吾亲；捧檄作令，无一升一斗以奉吾亲，其庶大矣！乡举以来（他 1780 年中举②），奔走垂三十年，所得惟一师耳。……今而后精力之盛衰不可知，他日之出处亦未可必。先生全书其竟无传耶？……虽然，读已刻诸录，亦可以见先生之学博而约、大而精矣。③

我们必须用陈履和自己的话来形容这段话："和泪濡

---

① 译者注：出自《崔东壁遗书》之《三代考信录陈序》。
② 译者注：括号里内容并非原文，而是恒慕义的说明。
③ 译者注：出自《崔东壁遗书》之《三代考信录陈序》。

墨"①。

# 八

　　1826 年，陈履和因肺结核病逝于浙江东阳县令任上，斯时他已刻完崔述遗嘱中所说三十四种著作中的十九种。尽管崔述尚有著作十五种三十四卷未付枣梨，且今天已散佚大半，但陈履和已经在死前确保老师最优秀的著作存于天壤。

　　陈履和对他的继任者说：

> 　　一生心事，于兹尽矣！宦途扰扰，得归为幸。书板二十箱，携归不易；欲得一可信者付之，而难其人。②

　　陈履和病重已无力返家。他死时宦囊萧然，且有负累。一子才四岁③，并无以为归计。在此困难局面下，他的八位同僚慷慨解囊，这种罕见之举足以获得中国人民永远的尊重。让我们引用金华府知府在 1826 年对陈履和刻本所作序言中对故事的讲述：

---

　　① 译者注：出自《崔东壁遗书》之《崔东壁先生行略》。

　　② 译者注：出自《崔东壁遗书》之《崔东壁先生遗书题辞》。此文由杨道生作。

　　③ 译者注：出自《崔东壁遗书》之《崔东壁先生遗书序》。此文由萧元桂作，原文为"一子甫五龄"，英文按照实岁计算，故为四岁。

> 既为筹所负之款，又恐所刻枣木不能携归，付托非
> 其人，卒以湮灭，乃商之陈君之弟，存郡学署，作官物
> 交兑，更商之诸同寅，稍助刻资，为家属归滇之赀。一
> 时，……（八人），各捐廉俸，得六百金，以成美
> 举。①

因此，这位长官称此书为"诚古今不可无之书"。在同序
中，他还说道："天若特生崔君使成是书，又若特生陈君使传
是书"——他接着道出一句颇具佛家精神的话——"事非偶
然者已"。

## 九

崔述死后整整一百年的时间里，他的著作不可思议地被
忽略了。1826 年陈履和刻本刊行，但此时中国的历史批判之
学已入低谷，直到 1890 年代方才复苏。此间，清王朝清晰可
见的没落、毁灭性的内乱、危机四伏的外国干涉都吸引了学
者和政治家的注意力。有思想的中国人想要的是定心丸，希
望借此躲避即将到来的风暴。他们在宋代理学家有感染力的
著述和劝告中找到了慰藉，但崔述所持的客观批评立场不能
给他们这些。诚然，崔述的作品在 1870 年代得到重印，并于

---

① 译者注：出自《崔东壁遗书》之《崔东壁先生遗书序》。

1903 年刊刻于日本，但这些版本今皆不易得。

事实上，直到 1923 年，崔述对现代中国的意义才被揭示出来，这距陈履和本的刊刻已近百年。此时胡适博士撰写长文介绍崔述的生平，并以中文出版。我们这些当时在北京的人，至今仍能回忆起中国年轻人与新文化运动领导人们读这长文时，在思想上受到了怎样的刺激——百年前这位大胆的历史学家预言的许多结论，正是许多中国学者当下才提出的。

当我离开中国时，其中一个遗憾是未能在中国的任何一个图书馆或书店目验哪怕一卷 1826 年初刻本的崔氏著作。那是忠实弟子陈履和的辛勤劳动。由于内战的破坏与社会的忽视，传世存本殊少。

1928 年，我在随意浏览国会图书馆的中国藏书时，发现一整套崔氏著作，凡五种二十六卷，当时我的惊喜之情可以想象。这种发现会令爱书人感到此生无憾。此外值得欣喜的是，此后在中国也发现了多部初刻本。

1936 年，崔述的全集在上海得以出版，这一版一并收入了他祖先、妻子、弟弟的全部著述与同时代人对他的评价。这时崔述才真正得到公正的对待。

对于当代的中国古代史研习者来说，崔述并非无懈可击的先驱。他的部分猜想并未超越时代局限，许多考据结论也实难成立。但是他治学的钻研精神、客观态度、探究勇气与诚信品格则永不会过时。胡适博士用一句话概括了他对当下的意义：

　　然而我们要想超过崔述，先须要跟上崔述。①

---

　　① 译者注：出自《崔东壁遗书》之《科学的古史家崔述》。此文由胡适作。

# 新旧道德哲学
# OLD AND NEW IN MORAL
# PHILOSOPHY

〔美〕霍金　撰
孙丹锦　译

亚洲文明如今正在挣扎——不是为了生存，而是为了趋同。印度和中国在接连被入侵和恢复统一中经历了多次分裂和失地，也在这一过程中以史为鉴，逐渐形成了全新的自我意识。无论是希腊人、蒙古人还是满族人①，这些外部冲击要么没有坚持下去，要么没有足够的冲击力来取代文化延续和成长的潜移默化的塑造力量——种种原因使得文明的恢复成为可能。今天，侵略的范围是整个世界——一个自诩为现代的、无所不在的、进取的、不可逃避的世界——对于这世界的每一个成员来说，与其他国家的取予往来已经成为历史的必然。因此，世界文化的共同要素，特别是有关科学技术和经济生活的共同要素，似乎超过了源于本地和传统要素的重要性。各个城市已经具有了世界性的相似性，而民族精神则被谴责为世界秩序进步的障碍。

在这一过程中受到威胁的是迄今为止不断塑造世界历史的伟大文化人格的独特性。难道印度和中国在延续千年之后，已经分裂成了缺乏个性的碎片了吗？难道孙中山把民族主义列入三民主义是错误的吗？如果明天的中国被公认为有史以来最伟大的中国，那将是因为中国对道德遗产的坚守，它不仅仅是出自一种孝道或历史自豪感，更是由于对这种继承的永久而肯定的意义的认知——不仅仅为了中国的未来，也为

① 译者注：由蒙古族建立的元朝统治与由满族建立的清朝统治是中国多民族融合发展的重要组成部分，此处将其与外族入侵并列，不妥。

了全人类的福祉。

在普遍的人类精神与对独特的民族品质的公正评价之间，或者说在过去的文化财富与如今的迫切需求之间，可能存在内在的冲突，这一假设是一种一时的荒唐。如果要建立"大同世界"，它必须是时间上的大同，也必须是空间上的大同，还得包罗万象。《圣经》里没有片言只字是过时的，《道德经》陆续有新的翻译，《论语》里埋藏的精神财富长盛不衰。1932 年，厦门大学林文庆校长①跟我分享了一个他认为未来的中国必须建立的儒家思想纲要，后文我会参考他的分析。张伯苓博士则稳步前行，继续深入研究这一传统。

接下来，我将简要叙述一些中国现在富有代表性的道德哲学观点：首先是古典的传承，其次是佛教的影响，最后是当下的某些趋势。


## 一　中国的丰沃遗产

虽然在公元前 6 世纪到 4 世纪的这段时间里，希腊、印度与中国尚未联通，但它们的文明却几乎同时处于被多种哲

---

① 译者注：林文庆（1869—1957），福建海澄人，生于新加坡。英国爱丁堡大学医学院硕士，加入同盟会，积极参加革命政治活动。1921 年任厦门大学校长，任期内大力提倡儒学，著有《中国文化要义》等书，晚年居新加坡，被尊为"新加坡的圣人"。

学统治的状态。那是多样和争辩的时代：佛陀是改革者，苏格拉底是有批判精神的智者，孔子则是一位希冀在他的时代重拾个人和政治之"正道"的述者和教师。他们都知道在自己之前和自己同时代有一群耀眼的思想家；孔子三十而立，其他每个人也有各自独特的奋斗之路。苏格拉底和孔子的相似之处不仅仅流于表面。两个人都很早就注意到当时对自然力量的推测和丰富的传统宇宙论，且很可能被这些深深吸引——例如希腊人眼中自然界的四元素，中国人所认可的五行，还有明晦、冷热、湿燥的强烈对比。这些都被二人好奇地拿来与人和道德的善恶、男女、阴阳、死生相联系，并且他们都偏离了这一领域的哲学属性——仿佛一片荒野，思想在其中迷惘。他们后来都转向了对人的行为及其道德标准的研究，并将其作为最重要和收获颇丰的课题。

　　无论是苏格拉底还是孔子，都不会认为诡辩毫无意义而对其嗤之以鼻：他们都不排斥宗教，却又都对眼前的神话有所怀疑。在神学领域，他们各自有着十分简单明确的立场。对于苏格拉底而言，这是对终极道德正义的信仰——"无论活着还是死去，正直的人都不会被邪恶所腐蚀"。孔子也有着类似的信仰——"天"赋予每个人一种责任或使命，人们必须顺天而行，找到自己的痛苦、安全感、幸福感和命运所在。这是孔子在游历时遭遇暴乱、后被门徒解救出来并听到他们对自己的谏言时独有的言辞——他泰然表示："天之未丧斯文也，匡人其如予何?"这句话中既有自豪和勇气，也体现了宗教信仰的本质。

　　苏格拉底和孔子均绝无建立宗教之企图。虽然儒家后来在中国形成了儒教，并且孔庙也遍布所有的大城市及孔子的出生地，但即便孔子本人也会谴责这种趋势。希腊社会没有将个人崇拜发展为宗教信仰的倾向，对苏格拉底的缅怀也不例外。但否认孔学是一种宗教，却往往被认为等同于否定孔子本人有宗教信仰。在我看来，他是有史以来极富有宗教信仰的人之一。他既未肯定也未否定的教条是："祭如在，祭神如神在。"这里的"如"，也许是形而上学史上第一个务实态度的表述，其对孔子的意义犹如神话对柏拉图的意义。这意味着，字面上的断言已经达到了极限——对另一个世界的设想无论如何都不能超过意象，而否认这一世界的存在则同样虚假。正如柏拉图所说："这也许是虚假的，但必有类似的理念是真实的。"这诗句比否定或空白更接近真实：世界正如厄尔神话①中描述的一样!

　　在评价中国的传统时，重要的是要基于对孔子生活和教学中的非常谨慎而简单的信仰要素的研究，一方面是因为它构成了他和老子之间的联系——老子的教义与孔子的立场多

---

　　① 译者注：出现在柏拉图《理想国》第十卷卷末，讲述了厄尔魂游冥界的神话故事。

少有点儿敌对①。对孔子而言，人是有能力对其伦理生活进行沉思和论述的。凭借对定义和概念价值的肯定，孔子才开始了所谓"正名"的国家改革，例如：赋予道德品质以本色，不以"威"的名义美化傲慢，也不以"慎"的名义欺骗，也不得巧借"时"的名义来贪污，以"党"的名义违背训诫，等等。对于孔子而言，以诚实的道德描写来体现自我的那种基本的客观性和真实性，是一切义的起点。相反，对于老子来说，所有对道德的概念化都是值得怀疑的。道德生活的唯一向导就是遵循自然内在生命的不可言说的运行规律——道，因为我们每个人都是道的体现。道不是一句格言、一部法典、一套规则或一系列美德；道只能被感知和遵从，就像艺术家在一笔一画中体会到正确与否；道在我们心中，是对每个独特情境的生存需求的敏感忧虑；它要求我们有无比顺从的伦理审美和对自然全面的直观感触。朴素自然是道主导的生命的外在标志；无论是在道德上还是社会上，这种生命既不遵循道德规则，亦没有自我主张。于是：

　　故失道而后德，失德而后仁，失仁而后义，失义而后礼。夫礼者，忠信之薄，而乱之首。

　　《道德经》第三十八章记载的这种等次，正是孔子之教往

_____

①　老子本身可能就是个神话。但凭借孔子对他的认可，我们依然可以认为他是一个真实存在的人物。

往被（其他人）理解为的一个概念——"礼"。"礼"无法完全体现孔子详细阐述的"诚"的内涵，但是它表明了在制定所有伦理标准过程中都会遭遇的危险，无论是在中国、印度还是欧洲——一种对德行的判断流于形式的危险。

从广义上来说，《道德经》这章所提出的对比是有道理的：孔子试图定义道德理想，老子则没有这种执念。老子的教导中虽然有一种巨大的道德冲动，但却不能被教条化，顶多是说有一条训诫：尊重并遵循内在的"道"。这与斯多葛学派的座右铭——追随自然，以及伴随"自然"所要求的不确定性而来的种种风险相似，因为斯多葛学派的"本质"并不是人类的动物本性。对于两者来说，所要遵循的自然就是一种呼唤自我掌控的声音：这是宇宙的命令，召唤自我达到一种严格的真诚和顺从。对于两者来说，除了道德直觉的丧失之外，没有任何惩罚，而这种直觉正是能微妙体会到什么是正义的道德天赋。"失道"就是失去对道的确信，就是不得不依赖规则和社会意见。因此，对老子来说，"知者不言"！而他本人也是这么做的，正如他作为一名教师的使命所允许的那样，他用一些非常晦涩朦胧的术语来描述自己的道德标准，以至于他著作中许多章节的意义并不明朗。

相反，孔子的使命是阐明和说服，这是一种明确的终生努力。这并不意味着他没有意识到下定义的危险——他一再警告并反对所有外部性的文字崇拜和形式上的道德。对他来说，"道"是一种无法定义的指引。"道"作为对无名者的命名，并不是老子的发明，它是汉语里自古就有的概念，是用来描述不可言说的事物的一种语言符号。这种对可以清楚表达的思想之外的东西的认知，本身就是文明进步的证据，孔子和老子都从这个共同的智慧之源中获取了灵感。或许可以这样认识两者的区别：虽然他们都把自然界神秘秩序称为"道"，但是孔子却放弃了探索其特性的努力，转向了他能够把握和定义的东西，而老子则倾向于沉浸在作为人生智慧的重要组成部分的悖论中。从这样一个共同的起始点出发，他们对哲理的探寻却分道扬镳，以致根据典故（有可能是伪造的），孔子曾经参拜老子，却谁也无法理解对方。

　　文化史上的悲剧之一是，本非矛盾且急需互补的思潮，经常陷入敌对的立场。对中国而言，历史在两个本可以通过结合创造出无与伦比的文化力量的系统之间做出了选择。总的来说，中国选择了孔子，拒绝了老子。更准确地说，它选择了孔子作为智慧上的指引，而把老子视为难以理解的顾问，道教则成为倾向于与迷信结盟的异教。

　　然而，现代中国更能认识到这些伟大的哲学脉络本自同源。尤其是在对老子的解读中，它可以利用其他文化中出现的许多类似的见解。也许，如果通过时间上的微调，赫拉克

利特①本可以在孔子和老子之间的传奇访谈中出现，那么他
对"逻各斯"的见解可能有助于使"道"成为双方都认可的
概念。对于赫拉克利特来说，"逻各斯"是普遍变化中的理性
因素，是万事万物运动的尺度——它并不明确，但能通过长
时间的研究来学习。无名的"道"对老子而言则是有名之物
的源头："名可名，非常名"，"有名，万物之母"。古希腊的
"逻各斯"则是后来得以被著述论道的初期思想：作为一种宇
宙力量，首先是思想，其次是话语，然后是生命和自然的秩
序。孔子可能在"逻各斯"中看到了"言"，并将这一"道"
的一个阶段用在了为事物"正名"的努力之中。

　　但是希腊生活本身缺乏道的某些含义，因为希腊通常从
现世和道德生活中的悖论元素上移开其理性的目光。没有任
何一个希腊人曾达到能够说出"凡要救自己生命的，必丧掉
生命"这种高度的话语，但是老子看到了这一点——他的思
想必须以印度和巴勒斯坦的智慧来理解。对他来说，道是"希
声"。这是"智者不见，慎者不闻，唯婴儿可得"的智慧。它
是最强大的不可言说元素。这种"无"从力量和实体上成了
万物的关键："三十辐共一毂，当其无，有车之用。"自我肯
定亦有否定的本质，这对老子而言是一个普遍真理："天下皆
知美之为美，斯恶矣；皆知善之为善，斯不善矣。"这种见解

---

　　① 译者注：赫拉克利特（约前540—前480），古希腊哲学家，爱菲斯学派
代表，提出万物皆流、"逻各斯"等观点。

可以说是为以德报怨辩解而迈出的一步，以德报怨的思想原则我们在柏拉图和基督处都可以找到，但在孔子、亚里士多德和古希腊的日常中却难见其踪；对于孔子来说，这个原则是不公正的，因为它提出了把敌人当朋友的建议。但是老子做出了柏拉图和基督都没有做到的事——他给出了一个理由："德善"①。"以直报怨"毫无创造性，只不过是一种没有增益的对策。以德报怨至少有一个原创性的注释，可以给当下的境况注入新的东西，并且正为当下所需！老子在这里显示出自己作为思想家的深刻性，他的思想不仅领先于他自己的时代，也超前于我们当下的时代。只有当这世界完全掌握了与道德的创造性和尊严性密不可分的悖论时，我们才能有足够的底气忽视老子的理论。一个像我们一样自我宣传的文明，一个长期对"无为"和"不言"表示怀疑的文明，仍然是不完全文明的。因为，无论是生理上还是心理上的精神力量的更迭都是文明最重要的组成部分——这就是"道"的外化。

但是，对于一个伟大的国家来说，只有"道"的指导是不够的：社会思想需要稳定在道德的定义之上，当认识到定义在"道"的作用下不断被矫正时，就没有理由去拒绝定义。如果说中国要在孔子和老子之间做出选择，就必然要选择能

---

① 译者注：《道德经》第四十九章有言曰："善者，吾善之；不善者，吾亦善之，德善。"

够接受语言的风险和至少能阐明其思想的那一位。这种因果关系的序列颠倒了建立社团主义国家的秩序，即从整体到部分的健康发展：即使在大家庭制度的土地上，它也声明了一种道德个人主义，在这种秩序中，个人正义是群体正当性的来源。

对于今天的普通美国人来说，这种理论似乎对道德人格在解决社会和政治问题上所拥有的力量做了过高的估计。我们当中确实也有人提出，要把世界从苦难中解脱出来，必须从人类灵魂的再生开始——没有人对他们的计划表示反对，但他们常被提醒，这一计划既不能当成饭吃，也不能打破僵局。当然，这是不够的。儒家的这一计划，作为实现任何社会福利的必要条件（即使不是充分条件），是属于中国坚持了几个世纪的荣誉。他们认为这种传统无法舍弃，其过去的价值比未来的更重要！

如果让我简要地总结一下作为一种道德观的儒家思想，我会列举其信仰如下：

**1. "其所是"（"成人"）比"其所为"（"从事"）更重要。**

人必须先成为"其所是"，才可以为"其所为"。不仅如此，"为人"即作为，对其人性而言，它有恒常的影响。

**2. 每个人都有由"天"赋予的职责。**

人格的培养对于承担起这项被分配的职责是必要的，因此它对于幸福是必要的。任何对社会有利的贡献都是必要的。

**3.** 人格的培养和承担的责任，不能因为利益的考虑而受到束缚，也不能被不幸所束缚。

外在的命运是由"天"指定的，应虔诚地接受，且无怨。

**4.** 人格的主要内容是友善（"恕"）和正义（"仁"）的精神。

**5.** 人性本善：所有人都能够达到仁和恕这两种品质。

高修为的成就造就了"君子"，但由于人人都有这种能力，它就并不仅仅是贵族的学说。它确立了民主的根本基础。

**6.** 高修为需要"学而不厌"。

**7.** 高修为要求忠于作为机构的家庭，并尊重那些有权威的人。

孔门弟子和道家信徒绝不是中国传统文化中唯一丰饶的元素，我们也不可能抛开孕育它们巨大的思想财富和使它们得以被解释的社会条件来理解它们。尽管中国思想一直具有政治意识，孔子也认为军队在实际统治中不可或缺，但这两种观点无论在当时还是今日都饱受抨击，因为其体现的抽象的道德主义太过于关注个人对官方政治的纠正，而对艰苦的政治和经济条件却一无所知。在孔子的那个时代批评者甚众，既有在墨家思想大行其道的时候主张以"兼爱"作为公共生活基础的狂热倡导者，又有持有对立观点的孙武信徒要求把注意力放在兵法上，以之作为国家力量的核心；到了公元前4 世纪，托名管仲的一套强有力的思想，带着极似现代的雄浑风格，指出了经济和社会生活水平对社会士气的影响。中国并没有等待现代社会科学的光芒去批判哲学抽象在实用性上的空虚——它们本质上空无一物。但是，包括少数中国人在内的许多中国思想的批评者并没有意识到，形而上学和伦理思想在本质上并不是没有社会基础的，它们在中国在许多为人瞩目的例子中，也并非阙如。我坚持我的判断，认为儒家和道家的相互作用和后来的思想发展对中国的未来有着最大的影响。

他们的力量是在他们与外来因素——也就是佛教思想——的斗争中展现出来的，正如胡适教授在其那篇《中国贫瘠的历史遗产》①的著名文章中评论的那样，而我们现在必须简要地考虑这种严肃的判断在何种程度上是正当的。

## 二　大神话与小神话

如果我们认为情感是文明的创造性基础，那么就可以推论，对任何文明的成长阶段而言，神话都是比形而上学更好的指导物和养分。因为形而上学必须是字面的，而人类对宇

---

① 胡适，林语堂：《中国的评论家》，中华联合出版社，1931 年版，第 64—73 页。译者注：《中国贫瘠的历史遗产：中国文明的一个历史诠释》（ China's Sterile Inheritance: An Historical Interpretation of this Country's Civilization ），原刊《字林西报》，1930 年 8 月 10 日。

宙的文字思想在宇宙的无限性面前摇摆不定，需要诗歌与神话加以补充。

孔子与老子的个人优点是，他们的形而上思想是克制的、渊默的。但是，对于逐渐走向成熟的年轻中国群众而言，二人迟疑的猜测不过是微不足道的精神食粮。丰富的民间传说，活跃宗教的诸多小型神话，以及成功削弱了试图成为民族信仰的道教富有能量的杂乱的鬼神学，种种这些都表明了旧道德的不足之处——并不是这些古代大师的道德观有什么问题，而是其思想诞生的宇宙背景有所不足。他们的世界观是贫瘠的、胆怯的、不安的——他们是伟大的先师，却不是伟大的先知。

在我们公元的第一个世纪，佛教作为一种入侵的力量来到中国（虽然传说是被邀请的入侵）。随之而来的是神秘却传闻不断的印度魅力。作为诸多小型神话中的一个大型神话，它凭借其大胆而确信的想象力、对人类远景的巨大延伸、对苦难的系统分析、在个人命运与每个人潜藏的神圣的佛性之间建立起的联系，以及其献身学术、禁欲主义、仁爱和具有艺术感的僧侣而广为传播。然而，它也陷入了过度冥想的抽象和对世俗的拒绝与无为，这些特征首先导致了中国实用主义精神对其深恶痛绝，继而使其遭遇严重迫害和法规上的非难。这一切使得中国人心中萌生了富有地方特征的分支，成了汉传的"佛教学派"，禅宗传布至日本，成了日本禅宗。

但佛教同时也激起了儒家思想的复兴。佛教徒的系统思考在不断召唤儒家基于自身框架的回应。新儒学思想家如朱熹、王守仁（以"王阳明"名于世）等，作为儒家哲学的巅峰人物，都曾对佛教和其部分世界观做出批判。

朱熹（卒于 1200 年）的老师们曾尝试过信仰佛教。其中一位叫胡宪，因为发现儒学思想在宗教方面不尽如人意，就转向了佛教。另一位刘子翚，试图将佛教的禅修作为启示经验的一种方式。①他们最终都回归儒学经典，但并没有放弃他们从佛教中获得的东西。必须记住的是，中国人的思想在寻求智慧方面并没有本能的盲目性和排他性：它是实验性的和叠加性的；它不假定世界观必须具有竞争性和不一致性。至少在朱熹之前的两个世纪，不同学派的学者就已经提出了佛教和儒学的合流。虽然不太可能成为一名僧人，朱熹自己也对佛教进行了详尽的研究，并且清楚地明白自己想从佛教那里获得什么和摒弃什么。

根据佛陀与老子的思想，朱熹继续努力把世界构想为从一个单一原则出发的产物；他们认为，这个单一的原则不能用暗示对立的概念来界定（例如"我"与"非我"，"空"与"非空"），因此它必须通过顿悟而非论证来理解。伟大的道家学派思想家庄子曾经说过："天地与我并生，万物与我为

---

① 卜道成：《朱熹和他的前辈们：朱熹和宋代新儒学导论》，普洛赛因出版社，1923 年版，第 62—63 页。

一……而照之于天……滑疑之耀，圣人之所图也。"①这种对高级知识的信仰在佛教和道教中是相同的，而只有以这种直观的方式才能被认识的"太极"的存在原则与概念可以追溯到古代的《易经》。太极只是经典中的一个字符，却代表了一种信仰，这种信仰认为阴阳的二元论必然具有其一元论的源头。②后来它成为朱熹伦理哲学的一个重要元素。

对于太极这一终极原则而言，其富有创造性的可能性中蕴含了物质和精神的一切并作为对事物的意义（理）的道德诉求而存在于人的意识之中。生活的艺术不在于循规蹈矩，而在于对"理"所要求的行动方向有所感应。

为了获取这种感知，有两个建议：格物和正心。知识的扩张素来被认为是一种传统的儒家准则，但是，朱熹给了它一个富有特色的转折。格物是一个通过对事物本性的同情直觉来参透的过程。影响同情心的同时也影响真知：自私是洞察力的障碍。"言心理流行，脉络贯通，无有不到。苟一物有未体，则便有不到处，包括不尽，是心为有外，则私意间隔……

---

① 引自冯友兰于 1947 年 4 月 18 日于纽约访问华美协进社时的致辞。

② 参看《易传》的第三篇，即《系辞传》。其中"阳"和"阴"首次作为宇宙原理出现。在《易经》中，"易"这个词是整个变化体系的名称；在《系辞传》的第七十节中，我们读到："一阴一阳之谓道〔理雅各（James Legge）把它按照字面意思翻译成'终极目标'（Sacred Books of the East, vol. 16）〕。"圣人的心理亦复制了这样的结构："圣人和天地之间有相似之处，因此对他们来说不存在矛盾。他的知识包含万物，他的使命旨在顺应天道帮助众生，所以他不会犯错。"参见《太平洋事务》，1947 年 6 月，第 199—203 页。

只是有私意，便内外扞格，只见得自家身己。"[1]

佛教会认同克服自我冲动是通往道德目标的门径，但佛教的伦理目标，即从"业"中解脱，与儒家这位伟大先师的伦理目标相反。对于朱熹来说，目标并不在于自外来而感于我，而在于自此发出而感于外，"万物皆备于我"。个人在不断增进，而非衰减。伦理生活是人之本性，也是圣之章程。

朱熹对佛教徒内省和"静坐"的冥想姿态中所蕴含的价值保持着"置信"的态度，他这样是否对佛教徒过于恭敬呢？世人皆道如此，且王阳明在对朱熹格物方法略带挖苦的驳斥中也曾暗示：他曾在院中格竹七天七夜，说"不得其理"[2]。可以肯定的是，愚钝的冥想是没有任何洞见的。正如柏格森提醒我们的那样，没有直觉的头脑无法提出任何富有成效的假设。朱熹认识到"同情智慧"是所有生存问题的一个共有因素：他用佛教的建议来改进所有现存的知识理论。朱熹提出的知识处方是外向的，实际上是经验性的：它是以尊重事物的现实为指导，而不是如同佛教所建议的那般认为客观世界和自我都是不完全真实的。如果遵循了朱熹的线索"即凡天下之物，莫不因其已知之理而益穷之，以求致乎其

---

[1] 卜道成：《朱熹和他的前辈们：朱熹和宋代新儒学导论》，普洛赛因出版社，1923 年版，第 252 页。

[2] 这一故事见于胡适《中国的文艺复兴》第 68 页。译者注：本书于 1934 年由芝加哥大学出版社出版，系胡适于 1933 年在芝加哥大学哈斯科堂进行的系列讲座讲稿集成。

极"①，可能会使中国在自然科学的发展上领先我们四百年，也将由此催生一种道德体系。但是，儒家的精神，尤其是后来由王阳明（1472—1529）所发展起来的思想，在于即使对于外部知识，也要把自控作为目标："知是心之本体。心自然会知。见父自然知孝，见兄自然知弟，见孺子入井，自然知恻隐。此便是良知。不假外求。若良知之发，更无私意障碍。即所谓'充其恻隐之心。而仁不可胜用矣'。然在常人不能无私意障碍。所以须用致知格物之功，胜私复理。即心之良知更无障碍，得以充塞流行。便是致其知。知致则意诚。"

尽管王阳明本人是一个非常有才干的官员，并且有足够的先见之明来提出"知行合一"，但这种过分强调主观因素在知识中主导地位的思想阻碍了实证的发展，而此时正是哥白尼的发现动摇了整个欧洲思想的关键时期。

毫无疑问，佛教的影响力强化了这些思想家的这一倾向：将内在的力量和掌控等同于所有的力量和掌控，忽视了对外部世界的积极探究。但是这种忽视并不是中国人特有的，而是世界性的。彼时科学技术还没有诞生。但最主要的是，如果要在发展内外力量之间做出选择，中国人的偏好——同时也恰好是基督教所主张的偏好——并不是错误的。任何文明的力量仍然在于其道德力量、哲学、法律、家风和艺术。在

---

① 王恭行：《中国式思想》，约翰·戴出版社，1946年版，第139页。

前三个方面，新儒学（程朱理学）从其与佛教的联系中受益颇多。①

　　最后一点是艺术的元素。仍然是佛教原生的宏伟观念推动了中国艺术达到最高境界。在这方面，佛教已经不再是一种外来的影响。显然，没有一个与某个民族的情感表达如此完全融合的影响可以被认为是异己的。观音，这一最仁慈且最普遍的神圣之爱的象征，使人类的爱超越了家庭的界限。这就是中国精神本身。中国正在以自己的模式把大乘佛教的菩萨概念转化成一种普遍善意的力量。传入中国的佛教并不全是否定、逃避、退却的思想，从佛陀精神看来这也是善举。在这一方面，它给了儒家一种宇宙感和原动力。胡适先生倾向于用"小巫见大巫"这句中国的老话来概括佛教的影响。我倒觉得，虽然伴随着现代中国必须克服的危险，但大神话使小神话更为高贵。

---

　　① 卜德教授指出，朱熹并没有解释优秀统治者统治的第一个原则。作为形而上学关于法律的第一原则，"理"的观念并没有被定义为"人类的具体行为"。正如冯友兰所说的"内圣外王之道"，这些对朱熹思想的指控是成立的，但是如果朱熹今天还活着的话，他可能会回答说，英美现代法律的潮流与法定的规则、训诫、普遍性背道而驰，而作为特定的指南，它只指导某些类型的行政管理或司法裁决决定，其中个案的独特性将引发行政官或治安官对"正义"的直接判断：对于这种情况来说，"理"的意识的提高可以作为司法成功最为可行的准备步骤。

## 三　当代道德思想的发展趋势

　　新儒学兴起之后，中国受到了与欧洲往来所带来的冲击。这种往来与其说是政治上的，倒不如说是商业、宗教和科学上的。可以这么说，16 世纪，相比于欧洲在中国的影响，中国在欧洲获得的钦佩更胜一筹。欧洲向这一"中央王国"同时献上了基督教和天文学，这两方面中国都有所接受，但还是当时已经崭露头角的科学给中国留下了最为深远的影响。即使中国并不知道现代科学是基督教的分支而认为它们彼此独立，科学的影响也在中国生根发芽。在 19 世纪和 20 世纪，西方的科学精神已经延伸到对人类与社会的研究，科学已然成为治理社会弊端的手段。对于这种倾向，我们需要在其实用主义的形式上重新审视社会和道德问题，传统则成为一种累赘：科学的观点是前瞻性的，是对现有的事实进行认真的评估；我们应该让逝去的祖先接受自己的死亡。

　　中国现在被两股潮流所撕裂：一部分人从历史的遗产中找到生计，另一部分人则更能意识到这种遗产令人难堪的一面而意欲弃之而后快。这并不奇怪。后者这种冲动具有一定的历史必然性——要知道什么是值得保留的，首先必须从精神上将之抛弃。这种抛弃的姿态已经完成了它的使命。今日的中国可能是完全自我尊重的、完全现实的、完全实用的，但仍然无法完全斩断与其拥有大量道德宝藏的过去的联系。

孔子并没有制定十诫。如果非要问他在道德方面教了些什么，那么简而言之就是品格。他接受了当时的观点，认为善恶有别，但善恶并不在于行为，而在于品格。有的人活得正直坦荡，有的人则活得相对低劣：这不是一个迷失或者被拯救的问题，而是一个能否达到人类可能性的问题。孔子一直在呼吁的道德动机不是恐惧，而是仿效——他认为每个人都乐于成为一个种族的标杆而非劣种。因此，他认真分析了"圣人"这一"高贵的人"的特点，并不是通过建立贵族制度，而是通过宣称每个人都有自己（成为圣人）的可能性。

用西方的话说，孔子可以说是对灵魂而不是对行为感兴趣，他更关心何以成人，而不关心其成就。或者说，他认为能够有意识地掌握自己的本性就是人类的根本成就。这本身就是一种非常重要的道德姿态，这在很大程度上解释了为什么在中国有这么多品质都关乎人类高尚的尊严——对人格的尊重本身就是中华民族精神的一部分。①

中国的社会结构自古以来就是以差等崇拜为基础的。对祖先的尊重从来都不是任意的，也不仅仅指向过去。它给予荣誉的对象是有选择性的，亦是带有教育目的的指导——对

---

① 盖沙令伯爵：《哲学家的旅行日记（卷二）》，哈考特出版社，1925 年版，第 52、53、114 页。"我第一次发现自己面对着一类以道德作为最深层元素的人群……我们被我们的制度所束缚，但中国人则超越了他们的制度。这便是儒家思想在精神教育上的胜利。"

史书所体现的群体崇拜是人民有所选择的判断。孔子一生的工作有一部分是归纳性的。作为古籍编辑，他忙于分析传统观念形成的原因。从这些研究中，孔子也获得了自己的判断标准，而《论语》则是他对周围人物品格的判断，也是对传统价值的判断。孔子的天才在于他对事物的赞美是受其敏锐的心理分析的引导的。他是面向道德生活的第一位伟大的心理学家。

他对自己最喜爱的学生的赞美饱含细微的观察："不迁怒，不贰过！"把愤怒从一个合理的场合转移到一系列的后续场合，这就是轻率的"易怒"的过程。让情绪随着环境的变化做出迅速反应，是一个敏感之人的正当反应。"绅士"的理想可能独属于西方，我们可以将之定义为在任何场合都能适当应对的人。若与孔子所称赞的品质相比较，可以看出，孔子的"君子"可以翻译成"绅士"。但儒家的理想比纯粹的善良或高尚的礼貌有更大的实质性意义——其必须同自控、荣誉和优越感相吻合，所谓"主忠信……禄之以天下，弗顾也……古者言之不出，耻躬之不逮也……君子求诸己，小人求诸人……不义而富且贵，于我如浮云……君子固穷，小人穷斯滥矣"。

这些零星的观察从未形成体系，但是这种思维方式却成了中国的灵感源泉，并渗入了各处的公职教育系统，一定程度上也解释了中华民族持久的生命力从何而来。此外，孔子认可了使他的论断得以统一的统治原则：他将其称之为"恕"，被翻译成"互惠"，但孔子自己则将其延伸为一种否定的表达形式——"己所不欲，勿施于人"。同时，还有另一个概念——"仁"，它与"恕"是互惠行为的基本依据。仁可以被解释为"善心"，或者如修中诚教授[①]所译，释为"仁爱"（human heartedness）。但从字面上来说，它只是视邻如己的基本正义——从文字的表意性上理解，是"二人"（仁），是所有人性社会得以建立的道德平等的基础，也是孟子（前 372—前 288）作为孔子的伟大接班人的道德思想的萌芽，他提出了人性本善的观点，从而勾勒出民主社会的轮廓。

我们说孔子教人首先教品格，并不是说他忽视了伦理的社会意义，而是说他没有从社会需求中衍生出相应的道德规范，反而是从品格的形成中衍生出社会需求的满足。如果说古代中国经典的特征是什么，那就是对《大学》开篇中这种对因果关系秩序的坚定的信念：

> 古之欲明明德于天下者，先治其国；欲治其国者，先齐其家；欲齐其家者，先修其身；欲修其身者，先正其心；欲正其心者，先诚其意；欲诚其意者，先致其知。

---

① 译者注：修中诚（E.R.Hughes，1883—1956），英国伦敦会教士。1911 年来华，在福建传教十八年。曾就读于牛津大学。1929—1932 年在上海中华基督教青年会全国协会任职。

现代中国精神不能没有儒家思想的持续发展。尽管它有很多需要改进的地方，却不需要、也不能够将其完全摒弃。正如前面提到的，先是辛亥革命成功后南京临时政府的卫生司司长，后成为厦门大学校长的林文庆，将当代中国的新儒学归纳为五个方面，表明了儒家思想的绵延不绝和日新月异：

**1. 人各有命，修身以俟之。**

这对于林博士来说是孔子学说中的宗教元素，其正当性在于每个人都有自己必须发现和执行的使命。对这种使命的信仰成为他道德抱负的勇气。

**2. 每个人都必须掌握其所处时代的科学。**

在孔子的时代，科学是书面的、历史的，知识的扩张有赖于对历史文化的理解和评价。今天的人们则必须掌握自然科学。

**3. 人性本善。**

"这，"林博士说，"就是我加尔文主义的朋友与我不同的地方。我能明白他们各自的观点，但我有一种想法。孩童时，人类是以自我为中心的、自信的——这就是加尔文主义者所看到的，但是人类也有能力克服自己的自私——这就是孟子所看到的。两种天性都存在；但自我批评的能力是人类重要的特质。这样我就调和了这两种观点。"

**4. 子不教，父之过。**

"这对于今天的中国而言是一件非常重要的事情，"林博士说（这段对话发生在 1932 年），"因为儒家过于强调家庭的概念，限制了许多个人的自我表达，今天我们走了另一个极端，也放松了过去成为国家士气的、核心的家庭道德权威和责任。"

"你也许会惊讶，"他继续说道，"到目前为止，我还没有提到过'孝'，而这往往被认为是儒家道德的核心。那是因为我们不能脱离家庭的道德规范来谈论孝道。正如许多人所假设的那样，'孝'并没有过时——在北平形成了一个废除孝道的社会，这个社会由老年人组成，他们将从中获益，但必须从新的角度来理解。"

**5. 子女必须尊重其值得尊敬的父母。如果他们不值得尊敬，子女必须规劝犯错的父母重归正义。**

林博士评价说："这种形式的孝道避免了内在的道德风险，不再要求对长辈的盲目奉承和服从！"

总的来看，林博士修订后的儒学似乎是道德上的一个有意义的缩影——它不仅在现代中国，而且在其他地方也是有价值的。然而，它引出了两个问题：（1）鉴于我们今天所知道的人性的多变，这种新儒学是否充分分析了加尔文主义者和儒家之间关于人性本善的争论（第 3 条）；（2）这些训诫是否足以适应我们这个时代经济和社会困境所创造的新道德问题。它们如果被全盘接受，是否能够触及中国目前斗争的现实问题呢？

　　这些现实问题，在孙中山先生的《三民主义》一书中得到了详细的讨论。孙先生把这三个原则称为民族、民权、民生。这些都是中国伦理学中的新名词，但为了保持我们的观点，我必须强调它们是按照儒家"正名"的原则提出来的，它们源于历史的土壤。

　　民族主义原则是对古代"忠"的美德的一种修正。它要求把忠诚延伸到家庭和家族的视野以外。孙先生说，他曾经看过"许多祠堂庙宇……都把忠字拆去了"，因为"忠"曾经表示顺从君主，因此在共和国有种不合时宜之感。但是他断言，我们不能没有忠诚，重要的是把忠诚的对象从君主和家族转移到国家。"忠"是忠于公平和正义的社会规则。如果人们可以对民族性格感到自豪，那么就应该忠于国家。孙中山认为，中国有这样的自豪感，其传统美德"本质上优于外国美德，但在和平这一道德品质上，我们将进一步超越其他国家的人民"。①

　　实际上，民族主义所要求的这种新的忠诚有两个敌人，并需要两种训导。第一个敌人是文化上的盲区，相应的训导则是类似在全国识字运动中发展起来的这种对跨越家庭和家族的合作的悉心培养。这个被晏阳初宣传为"扫盲"的运动，其内容已经扩展到"公民权利"（连同卫生和科技农业）。第

---

　　① 《三民主义》，商务印书馆，1929 年版，第 126—133 页。译者注：出自该书中民族主义第六讲。

二个敌人则是中立的态度，一种温和的世界主义。在中国古代轻易从孝道（巩固家庭）跨越到"兼爱"（巩固社会）的这一飞跃中，我们很容易忽略国家是人类奉献行为的重要一环。在一个患有民族主义膨胀通病的世界，孙中山清楚地看到，中国缺乏这种其他国家通常过剩的美德！

　　其次则是民权主义，这在某种程度上对中国的传统来说并不陌生。正如我们所看到的，它深深存在于孟子一派的儒家精神之中。实际上从古代起，公众的情感和意见就一直是政治行为的一个重要因素，统治者们并不认为忽视它们是明智之举。始皇帝（前 259—210）的专制统治在群众愤怒的猛攻中土崩瓦解即强调了这一事实。但是民治始终缺席，家庭中善意的独裁与其说是受制于宪法和被选之公职人员的一种精神模式，倒不如说是受制于道德义务。政府的运作已经由监察官和历史学家检阅，但大众对公共政策负有责任这一点仍未得到发展。孙中山呼吁一个"人民来做皇帝"的政府。弗兰克·古德诺教授（Frank Goodnow）认为中国尚未做好迎接民主政治的准备，建议在中国实行君主专治，就像袁世凯试图在新生的共和国恢复帝制所做的那样。孙中山对这一建议做出了颇为尖刻的评论。他并不否认古德诺教授所看到的大环境，没有人比他更尖锐地批判着中国"公共精神"的缺乏。这使得早期的人民代表制度蜕化，直到"现在的代议士，都变成了'猪仔议员'"①——中国并不是唯一一个见证了这种民主衰退的国家。他并未幻想西方已经解决了民主的可行性问题，但他从西方的种种经验中看出，民主的目标是一个受到人民强力监督的强大政府，而不是一个只被草草监督的软弱政府。在这里，中国伟大的教育运动、扫盲运动以及像南开系列学校中所开展的那样建设个人能力和品格的更有针对性的运动，正在为人民参与自治铺平道路。

第三个原则，即民生主义，确切地说是所有人对自身生计的责任，它最清楚地表明了革新的特征。将生存和财产观念作为道德的中心，可以看作是西方工业革命的结果所推动的一项近期的新发现。毫不意外的是，这一道德中心在中国引发了根本性的启蒙，突出了新时代的所有道德观点。大体上，它的敌意被"恕"与"仁"的思想所掩蔽。孙先生则引用民生这个名词来表示他希望提出的人与人之间新的相互关系。他毫不犹豫地接受了社会主义的标签，并且提醒人们这个词本身需要新的解释——孙先生在充分认识到俄国革命的重要性的前提下，意识到并拒绝了社会进步必须以阶级斗争的方式来实现的谬论。②现代社会不是由冲突，而是由资本、机器和劳动力的合作来决定的。这个非常重要的建议，清晰

---

① 译者注：出自《三民主义》中民权主义第四讲。
② 受到美国作家莫里斯·威廉姆斯《历史的社会诠释》的指导，见《三民主义》第383—385页。译者注：出自该书民生主义第一讲。

地使得中国再次成为当今经济伦理哲学的"中央王国"。

三民主义的内在价值正在成为当今中国大部分民族伦理观的官方表达。1937 年，它被认为是国共两党的共同基础。但是，它也被赋予了一种更为根本的重要性，即《中华民国民法典》。正是在这部法典中我们发现了国家良知最难形成的积淀。1930 年出版的《中华民国民法典》具有这样一个显著的特点：它既承认与现代世界其他国家有着广泛的共同道德基础，同时也定义了自己独有的中国特色。英译本①的前言（上海，1930）这样写道：

> 这部新的民法在其理论部分遵循了现代司法科学在世界各地稳步推广的原则，这些原则正在趋向于构成一种普遍的习惯法，并消除由于各国不同立法体系而产生的差异，从而促进国际关系的发展……另一方面，为了满足中国这样一个地域特征十分多元的国家在地理、经济和人口方面的各种需求，现行法典中必须保留一些旧风俗，尤其是在物权问题上。因此，它的许多特点基本上都是富有中国特色的……最后通过体现国民党的原则，来实现一个坚定的社会转折……这使得新法典与欧美个人主义立法及中国以前的家族立法有所不同。

---

① 译者注：英译本由夏晋麟、周福庆翻译，胡汉民作序，由上海别发洋行于 1930 年出版发行。

就这样，当代中国往往在其立足世界的中间立场上变得富有自我意识，这种自我意识既洽于民族精神，又洽于其传统中兼容并包的一面。

最后，让我们来思考一下今日中国道德哲学中的一些现存运动。

社会和经济问题几乎不会因为试图达到抽象的卓越品质而被忽略。对于教育工作者和政治领导人来说，国家的迫切需要是伦理思想的前提。对孙中山、晏阳初、张伯苓、蒋介石等人来说，道德哲学始于对中国社会状态的一种诊断。这些诊断很大程度上有着一致的结论。针对人民群众的文盲、在科学方面的无知、经济卫生落后等的斗争，同反对家庭企业利己主义、个人自私、国家不团结等问题的斗争一样，成为他们共同的事业。因此，历史的进程在很大程度上修正了抽象传统观念中的不平衡。

但我从未觉得这一进程抛弃了儒家认为"修身"是"治平"之始的原则，抑或是"致知"乃"修身"之本的传统。

然而，对于儒家致力于塑造的品格，国家危机带来了新的元素。我可以在这里对其中三个做出简要说明。

相对于孔子所说的"君子"，蒋介石描绘了"革命人格"。他的这种理想人格必须能够参与实现一种新的秩序，而不仅仅是维持和粉饰现有的秩序。以此为出发点，需要重新关注知识与行动的关系。蒋的观点是：没有行动，知识和良知都是不完整的。关于这一点，他在《自述研究革命哲学经过的阶段》这篇讲演（1932 年发表）中提出了两个主张：

1. 有"良知"，要能"致"，即是行。即所谓实现良知，亦即是"知难行易"的实行者。如此所谓良知，才不至于落空，才不会做一个空疏的唯心论者。

2. 古今宇宙之间，只有一个行字能创造一切，所以我们的哲学，唯认行的哲学为唯一的人生哲学。

这绝不是对无脑行为的赞赏。它既是对思而不行的谴责，也是对感情主义的抨击——在这种感情主义中，理想由于自身的崇高而非效用而得到珍视。蒋介石提出这一主张是为了纠正"知易行难"这一传统观念——这种观念纵容人们止步于获取知识而不付诸实践！蒋在这一观念中看到了"今日萎靡麻木，苟且推诿，革命失败的毛病"。孙中山亦已表示对这一格言的反对，说："知难行易。"但是，唯恐这一强调行动的哲学被利用为冲动和轻率行为的借口，蒋介石在 1940 年发表了名为《行的道理（行的哲学）》的补充陈述。

"行"并不是"动"。动是对外力的顺从，不需要也不增进知识。行则是自发的，它有目的地趋向尽头。无生命的事物可以动，但它们不能行，因为它们无法知道动的结果。人既可以移动，也可以做出动作。当他"动"时，他就像一个东西一样，对外在的刺激做出反应，表现出感觉、骚动、愤怒。当他"行"时，他选择了自己的目标，并且这一目标在他向其迈进的过程中越来越清晰。

现在我们来谈谈"行"的目标，一个深思熟虑的目的，它涉及人的全部本性，又因为人是宇宙的一部分，它也因而是世界的本性。所以，真正的"行"与"道"相伴同，它同时充分体现了自己的天性和"天人合一"。人与人之间的差异只不过在于他们为自己选择了何种结局。一些人寻求财富：他们在某种程度上是为外物所控制的；他们仍然半浸在"动"中。其他人则寻求创造：他们拥有完全的能动性。

但是这种差异是自愿的，并不是天生的。所有的人都能够在明确的意义上"行"。"行"有三个障碍，其中两个是虚构的，它们分别是无知、恐惧和由于认为自己才能平庸而导致的自贬。"知"确实很难。但是，自我贬低来源于认定一个人应该超越自己的才能来行事，这显然有悖现实。"在你的才能范围内行动，毫不畏惧地行事……我们呼吁所有人都要重新审视自己的生活，并且要意识到，既然活着，他们就有能力采取行动——这种行动的意义不亚于历史上伟大英雄所做出的那些圣洁和英勇的行为。"

这才有了"知难行易"这句新的标语。这个概念涉及民主国家的新基础。对孟子而言，对每一个人的尊重都是建立在他的互惠与正义的能力之上的；对蒋介石来说，这个方面是建立在他顺天道而为的行动能力上，这也是民族共有的行动中的道德权威。人类潜在的道德平等也因此需要一个新的维度。

"革命人格"这一道德理想中的行动概念与接收社会变革和希冀推进改革相联系。由此在社会冲突和投身社会的行为中必须有一种新的肯定性的参与精神。在不放弃传统与尚和精神的前提下，今天的中国正在从其对待人性阴暗面的态度出发，重新评估人性的好斗性，并从其对待人类需求和痛苦的态度出发，重新评估那种有侵略性的助人。孔子的教育并没有忽视善意具有肯定性的一面。如果一个人不信任对于"恕"的积极解释，即"己所不欲，忽施于人"，他是有充分理由的。那些愚笨之人会仅从字面上理解，认为这一箴言引入了一种无限侵略式仁慈和无中心的责任，以至于无人能够承担。但是在今天的中国伦理思想中存在这样一种品性——试图通过放大个人对于世界的责任来实现自己的天命。

这种积极奋斗和服务的态度，并不是放弃老子谦逊的全能的"道"，而是进一步强调了无为的理想和绝对的平衡，即创造的冲动。这就像《薄伽梵歌》：它仍然是瑜伽，与终极联合；但它是行动的瑜伽——"业"的瑜伽。它仍然是和平的；但这是奥古斯丁式的"和平"，是动荡中的稳定。它是"通过行动实现大道"。如果道家思想是由这种变化发展起来的，那么"道"，就像"言"一样，将被视为历史中的一个代理人，使我们对东西方的理解又向前迈出一步。把人类历史事件视为某种"终极力量"运行的结果素来都是西方的特点，特别是在基督教的影响下；上帝以人的形式出现，并呼吁人们之间的合作。

还有一个并不是全新但富有新意义的概念，即风险的概念。

正如儒家君子必须面临的那样，任何拒绝被优渥条件或危险境地引入歧途的人的生命都不能避免风险。孔子的生活也不是安全的。我们回忆一下由石门守卫提出的关于他的问题："是知其不可而为之者与？"但是当代的风险是在假设人性尚存一些善良和历史具有目的性的前提下规划可能性的，这是涉及理性信念的风险。对于伟大的目标而言，这是为了崇高目标而生活在险境之中，对实际的力量进行睿智的判断，直观地把握现实。这就是"应天而行"所涉及的内容。

随着中国将这些关于行动、顺应天道的社会责任、风险和牺牲的新概念融入公民理想之中，古老的道德观在不被摒弃的前提下得到了补充。这样的变化越多，中国将持续发展得越好。

# 附　录
**APPENDIX**

# 原版作者简介①

　　**司徒雷登**（John Leighton Stuart，1876—1962），美国驻
华大使，四十二年前以长老会传教士身份来到中国，并以其
教育贡献得到中国政府的尊敬。目前，他正准备辞去其燕京
大学校长之职务。

　　美国外交官、教育家。1921 年其与张伯苓同为巴顿调查
团在华团员。张伯苓赴美筹款时曾请司徒雷登等帮忙向美国
各方面代为介绍。二人互相评价甚高，且在当时被士林目为
堪能相提并论的两大教育家。（时人论述，参见齐思和《司徒
雷登先生与张伯苓先生》和王揆生在上海文化函授学院的讲
词《张伯苓与司徒雷登》等）

---

　　① 译者注：原书有作者介绍，以字母为序。因嫌其过于简略，且未能反映
各位作者与中国、张伯苓及南开的关系，故由译者就所见资料稍做补充。此次
翻译，以本书文章顺序为序，先列原书作者介绍，并加注生卒年，其后另起一
段为补充介绍。

**胡适**（Hu Shih，1891—1962），杰出的中国哲学家，曾负笈于康奈尔大学和哥伦比亚大学，并在中国多所大学任教。1938 年至 1942 年任中国驻美大使，现为国立北京大学校长。

近代著名学者、思想家、社会活动家，倡导白话文和新文化运动，学术上秉承约翰·杜威的实验主义哲学，对现代学术方法有重要贡献。胡适至晚于 1922 年已与张伯苓相熟，并曾多次来南开讲演，担任南开大学校董。

**费纳克**（Harold M. Vinacke，1893—1981），辛辛那提大学政治科学教授，曾在中国游历，并于第一次世界大战刚刚结束后，在南开大学任教，与张伯苓共事。

美国政治学家。曾任迈阿密大学教授，1926 年转任辛辛那提大学，直至 1963 年退休。退休后任该校政治学系主任。第二次世界大战期间，费纳克加入美国战时情报局（Office of War Information），任日本部主任。费纳克为东亚事务研究专家，其所著《现代远东史》（*History of the Far East in Modern Times*，1928）《战后时代之远东政治》（*Far Eastern Politics in the Post War Period*，1956）等，均被视为深析东亚事务之名作。曾任教于南开大学政治学系，后亦曾任教于清华大学。

**霍尔康柏**（Arthur N. Holcombe，1884—1977），哈佛大

学政府学院教授，在几所中国国立大学担任客座教授时开始
了解中国。是《中国革命》（1930 年出版）一书的作者。

　　一译霍尔库姆、何尔康等，美国历史学家、政治学家、
教育家。1936 年任美国政治学联合会主席（President of the
American Political Science Association）。1910 年至 1955 年间
任哈佛大学政府学院教授，在哈佛大学政府学院基础课程中
建立政治哲学与理论，门生包括约翰·肯尼迪、亨利·基辛
格及亨利·洛奇等。1949 年，曾襄助蒋介石起草中华民国宪
法。著作包括《美国之州政府》（*State Government in the United
States*, 1919）、《我们更完美的联盟：从十八世纪之原则至二
十世纪之实践》（*Our More Perfect Union: From Eighteenth-
Century Principles to Twentieth-Century Practice*, 1950）、《变
动世界中之治安策》（*A Strategy of Peace in a Changing World*,
1967）等。1935 年 6 月 6 日，张伯苓曾致函当时在清华大学
任教的霍氏，邀请其访问南开大学。

　　**昆西·赖特**（Quincy Wright，1890—1970），在国际教育
中颇为活跃，中国的清华大学只是其任教的诸多大学之一。
美国大学教授联合会会长（1944—1946），现为芝加哥大学国
际法教授。

　　和平学研究创始人，国际关系研究学者。1923 年至 1956
年任教于芝加哥大学社会学系，嗣后至弗吉尼亚大学任国际

法教授，1961 年退休。1927 年，赖氏获选美国艺术科学院院士，1928 年联合创立芝加哥国际关系委员会，此为美国首个国际关系学科之研究生项目。赖氏相继担任过美国国际法学会（the American Society of International Law）、美国政治科学联合会（American Political Science Association）、国际政治科学联合会（International Political Science Association）和美国大学教授联合会（American Association of University Professors）之会长，对国际关系、国际体系的科学理论与美国具体外交政策均有重要影响。第一次世界大战后，赖氏在芝加哥大学组织学者研究战争，得论文四十余篇并书十部，赖氏予以总结，写成巨著《战争研究》（*A Study of War*, 1942），对社会学家、政治学家启发甚大，而其战争资料库亦为相关研究者所必读。

**康德利夫**（J. B. Condliffe，生卒年不详），加州大学伯克利分校经济学教授，卡耐基基金会历史与经济学部副主任，国际联盟秘书处成员（1931—1937），曾任太平洋关系学院国际学会主席。

旧译康力夫，新西兰人。他曾于 1927—1929 年前后来华访问，并成为中国经济学社会员，与南开经济学家何廉、方显廷等均有密切交往。

**约翰·奥尔查德**（John E. Orchard，生卒年不详），哥伦比亚大学经济地理教授，在战时供职于租借法案实施局（Lend-Lease Administration），为高级行政助理，并担任副国务卿和助理国务卿的特别助理，1926 年开始致力于远东工业化之研究。

**多萝西·奥尔查德**（Dorothy J. Orchard，生卒年不详），除却与战时经济管理局、对外经济管理局合作，担任远东地区的经济分析专家外，还与其丈夫奥尔查德教授合作，在其长期研究项目中研究工业化问题。

约翰·奥尔查德的妻子，远东经济学家，美国战时经济管理局下属机构中国小组组长，南开经济学家方显廷曾在此小组工作。

**顾临**（Roger S. Greene，1881—1947），1907 年首次来华，时为美国驻中国东北地区的领事。他一度曾任洛克菲勒基金会远东部副主任，于 1927—1935 年执掌北平协和医学院，并担任美国国务院文化关系处顾问，直至去世。

或译格里瑞、顾林、格林等，1902 年以后顾氏在巴西、日本、西伯利亚、中国等地担任领事职务，曾任美国驻哈尔滨领事、驻汉口总领事等。1914 年之后加入洛克菲勒基金会并开始从事慈善活动，成为洛克菲勒基金会下的中国医学考察团（China Medical Commission）的一员，该考察团后来促成了中华医学基金会（China Medical Board）的成立。1921年起出任基金会驻华代表，1927年至1929年间曾任洛克菲勒基金会远东部副主任，并于1928年起担任北平协和医学院代理校长。1938年至1941年间，出任不参加日本侵略委员会（American Committee For Non-Participation In Japanese Aggression）主席，并游说美国政府援助中国的抗日战争。顾临于1916年与张伯苓相识，当时顾临作为美国洛氏基金团（洛克菲勒基金会）代表来南开学校参观访问。

卜凯（John Lossing Buck，1890—1975），现供职于联合国粮食及农业组织，是远东农学界的杰出权威，亦为《中国的土地利用》一书的作者。

康奈尔大学博士。1915年，卜氏受美国长老会派遣首次赴中国传教，1917年与美国作家赛珍珠结婚。1918年，卜氏开始研究中国农业经济，赛珍珠帮助其进行解释和翻译。1920年，金陵大学聘请卜氏创建农业经济系并任主任。嗣后十二年，卜氏组织学生调查农场与农户，著成《中国农家经济》（*Chinese Farm Economy*，1930），后继续研究，著成三卷本《中国的土地利用》（*Land Utilization in China*，1937）。曾任美国财政部驻中国代表等要职。

**胡美**（Edward H. Hume，1876—1957），因其对中国的贡献，曾被中国政府授勋。湘雅医学院的缔造者、组织者、校长。《东医西医》（1945）的作者。现在约翰·霍普金斯大学讲授医学史课程。

或误译为休姆、休谟。印度人，1897 年耶鲁学院文学学士，1901 年约翰·霍普金斯大学医学院医学博士。1906 年，胡氏偕其妻应雅礼学会聘任至长沙工作。胡氏怀有医学教育之志向，不同于前辈传教士专传福音之作风，致力于中国教育。胡氏尊重中国文化，与中国医者合作，并于 1917 年创立湘雅医学专门学校，出任该校教务长、湘雅医院院长。1925 年雅礼学生参与五卅运动，胡氏自觉未能平息学生风潮、安抚同事情绪及满足雅礼总部要求，遂辞职并建议雅礼总部将全部管理权交给中方。

**恒慕义**（Arthur W. Hummel，1884—1975），1927 年以来任国会图书馆亚洲部主任，美国东方学会主席，曾在中国、日本任教多年。他的《一位中国历史学家的自传》于 1931 年出版。

美国公理会传教士，中国史研究著名学者。1915 年来华，在山西铭义中学教英语，后在燕京大学历史系任教，1927 年返美，1928 年任国会图书馆亚洲部主任，为美国资产阶级史学界现代实证学派代表人物之一，第二次世界大战后美国亚

洲研究协会重要成员及该会 1948—1949 年度主席，任《清代
名人传略》(*The Eminent Chinese of the Ch'ing Dynasty*, 1644—
1912 )主编，在国际学术界有较大影响。

**霍金**( William E. Hocking，1873—1966 )，美国最杰出的
哲学家之一，现为哈佛大学荣誉教授。其最新一部著作为《新
闻自由之理论框架》( *Freedom of the Press, a Framework of
Principle*，1947 )。

美国哈佛大学理念主义哲学家。俄亥俄州人，1902—1903
年在德国哥廷根大学学习，师从胡塞尔，1904 年返回哈佛博
士毕业，1914 年起在哈佛教授哲学，1930 年至 1932 年间领
导评估委员会( Commission of Appraisal )调查东方六国新教
传教情况，其中包括中国。霍氏至中国游历后，开始研究朱
熹，指出朱熹之思想合乎科学，非欧洲哲学家皆能领会，且
能颇有益于西方民主。他曾与金岳霖书信往来以讨论学术。

# 原版书评

陈希　米丁一　译

## 一

作者：林百克（Paul M. A. Linebarger）[①]

出处：《美国政治学评论》[②]，1948 年 12 月。〔*The American Political Science Review*, Vol. 42, No. 6 (Dec., 1948), pp. 1236-1237〕

这本引人注目的有趣文集，可能是西方世界第一本即将出版的、用于致意一位中国学者的著作。就其本身而言，它

---

① 译者注：林百克，美国人，1901—1907 年担任美国派驻菲律宾的巡回法院法官。卸任后，他参与孙中山的革命活动，1912 年开始担任孙中山的顾问，直到孙逝世。1928 年其任南京国民政府顾问，后又执律师业务，著有《欧战时中国的机会》《孙逸仙与中华民国》等。

② 译者注：《美国政治学评论》（APSR）创刊于 1906 年，为美国政治学协会（American Political Science Association）主办的主要期刊之一，在国际知名度和学术专业性方面首屈一指。

证明了在当今世界政治戏剧性表面之下的文化渗透及过去五十年里中美彼此生活方式的良性接近。作为致敬之举，它是崇高的；作为着眼于当代中国的、具有可读性与权威性的文集，它非常发人深省。

作为本书致敬对象的张博士是一位著名的教育家，其对实践性的民族复兴具有浓厚的兴趣。他在中国北方的教育领导层中卓尔不凡。在他的领导下，南开经济研究所已享有国际声誉，直至 1937 年日本人的炮火使此事业戛然而止。张博士的生平由胡适博士简述，后者是哲学家和文学家，亦为前任中国驻美大使。康德利夫概述了南开在极端困境中完成的着眼实际的经济研究，由此对于西方经济思想在中国的应用提出了有效的批判。随后，另一篇总结中国多方面经济变革特色的经济学论文出自著名的奥尔查德夫妇（约翰·奥尔查德与多萝西·奥尔查德）。他们强调了一个总被轻视的观点，即中国不仅是由农民、土地和地主构成整个经济实践的大庄园国家，也是一个极大的制造国——就这个词的本义而言——那里分布广泛且分工细化的各项产业，维持了一个巨大而复杂社会的物质需要。

费纳克、霍尔康柏及昆西·赖特发表了三篇政论文章，依次讨论了近代政治史、制度发展及国际关系。在每篇文章中，我们或许都能发现，核心问题或显或隐地存在于中国向现代化的、高效的、法治的、国民性的模式转化的关键进程中。霍尔康柏教授对中国宪法草案与斯大林宪法的比较考察，赖特教授对中国外交问题的恰当总结，费纳克教授对国共之争的客观审视，尤为出色，颇有裨于政治学家。

其他文章包括：一篇着眼于中国科学教育的短评；一篇发人深省的、关于中西农业交流的摘要，文章作者卜凯为此领域的权威；以及霍金对哲学问题、胡美对医学问题的讨论。恒慕义的《一位学者的肖像》是唯一一篇来自专业汉学家的投稿；这是对一位 18 世纪的中国历史学家的优美描述。由燕京大学校长司徒雷登所作的序言，提供了深入理解中国政治与教育相互影响的途径。此人接替马歇尔将军担任我们驻南京的大使。

此书对现代史或远东历史课程的教师有所助益，借此可向学生展示中国的恒久价值，并证明这个深刻的事实：即使在饱受战争之苦的中国，政治亦不全是权谋。

## 二

作者：韦慕庭（C.Martin Wilbur）[1]

---

[1] 译者注：韦慕庭，美国历史学家，1908 年出生于俄亥俄州，幼年曾随父母来到中国。1941 年他获得哥伦比亚大学博士学位，先后关注过中国共产主义运动、孙中山与国民党的崛起、相关口述史研究等领域，代表作有《孙中山：壮志未酬的爱国者》《中国的乡村政府》《中国国民革命（1923—1928）》等。

出处：《政治学季刊》①，1948 年 12 月。〔*Political Science Quarterly*, Vol. 63, No. 4 (Dec., 1948), pp. 620〕

这组文章用以向中国的教育界耆宿张伯苓先生致敬，亦涉及中国现代化变革更为基础性的方面。作者的名单令人印象深刻：司徒雷登大使、胡适、费纳克、霍尔康柏、昆西·赖特、康德利夫、顾临、奥尔查德夫妇（约翰·奥尔查德与多萝西·奥尔查德）、卜凯、胡美、恒慕义和霍金。每人所写皆为其可称权威的主题，但大多数文章都是早先已出版的相关研究著作的概要。以笔者视之，更具有原创性的文章似乎是奥尔查德夫妇对中国经济变革的分析及霍金教授的《新旧道德哲学》。胡适博士的张博士传记通俗而亲切，并对过去五十年的中国教育现代化做了有趣的阐述。然而，总体上看，这本文集更适于专业学者和图书馆，而非普通大众。

## 三

作者：普里查德（Earl H. Pritchard）②

---

① 译者注：《政治学季刊》创刊于 1886 年，由哥伦比亚大学政治学院主办，是美国政治学领域的传统刊物，具有国际影响力。

② 译者注：普里查德，美国历史学家，1907 年出生于华盛顿州，1933 年在牛津大学获得博士学位。他是《远东书目简报》和远东协会（后改为亚洲研究协会）的创始人，著有《早期英中关系史上的关键时期：1750—1800》等。

　　出处：《经济史杂志》①，1949 年 5 月。〔*The Journal of Economic History*, Vol. 9, No. 1 (May, 1949), pp. 117-118〕

　　这本包括论文和评述性文章的文集用以致敬张伯苓先生。他是中国现代最优秀的教育家之一，亦为杰出的教育机构——天津南开大学的创办人。此书价值在于涉及 20 世纪中国之诸多方面，这些在当今出版物与普及文章中甚少提及。本书收益将用于捐助重建南开学校，包括小学、男子中学与女子中学、大学及一所研究型机构——南开经济研究所。南开在建设现代中国及反对日本侵略中发挥着引领性作用，其校园被日本人完全摧毁。

　　这十二篇文章描画了 20 世纪中国教育、历史、经济及思想的发展，意义重大。大多数文章是对同时代事物某些侧面的再分析，故而其思想价值在于启迪大众，对研究远东问题的学者的持久价值不大。而且，绝大多数文章写于 1946 或 1947 年，作者们考察的明显是国民党统治下的中国。当共产党领导中国之后，这些文章启迪大众的价值也迅速消减。

　　司徒雷登所做的《序言》及胡适所写的《张伯苓：一代师表》，在为我们提供关于这位杰出教育家及南开的事实与信息方面，均有长远价值。而康德利夫关于南开经济研究所的讨论扩充了此番叙述，他公允评价南开经济研究所为中国

---

　　① 译者注：《经济史杂志》创刊于 1941 年，由经济史协会主办，致力于以经济和历史为主的多学科研究。

国内领先的经济学研究及训练机构。可能最具持久性价值的
文章是恒慕义的《一位学者的肖像》。此文为关于崔述生平和
作品的讨论。崔述是一位杰出的具有批判精神的学者，在世
时不为人知，却启发和指引了中国 20 世纪早期的批判性学
术研究。胡美的《医师今昔》及卜凯的《对西方农业的贡献》，
亦在新材料方面有相当重要的持久性价值。然而，笔者希望，
他们指出中国人在这些领域的杰出成就时，也应更清楚地指
出这些优势是基于若干世纪的实证经验，而非依靠科学程序，
故而中国仍然受贫穷和疾病所累。在顾临的《科学教育诸方
面》中，清楚体现了中国的这一缺陷，亦展示出中国近代以
来科学方面的缓慢进步。在某种程度上，这是由于中国留日
学生未接受充分的培养。费纳克的《近五十年的历史》对现
代中国诸多方面的分析都很到位，尽管有时其概括略嫌笼统。
霍尔康柏有《中华民国之演进》、昆西·赖特有《国际关系》，
而奥尔查德夫妇有《转型中的经济》。最后一篇文章非常清楚
地显示出古代农业与手工业的经济平衡如何被西方贸易破
坏，而现代化经济的发展又是如何被国内战争和俄国对东北
设备的掠夺所耽误。没有外国资金，共产党人将十分艰难地
应付中国人口过密的经济难题。本书结束于霍金的《新旧道
德哲学》，在文中，作者认为，儒家和道家某些方面的结合是
现代道德哲学所必需的。

# 四

作者：奥利弗（Robert T. Oliver）①

出处：《世界事务》②，1949 年春。〔*World Affairs*, Vol. 112, No. 1 (Spring, 1949), p. 29〕

这本书由司徒雷登大使作序，而未署编者，由十一篇文章组成，旨在致敬中国杰出的教育家、南开大学校长张伯苓博士。此书颇可与由亚瑟·克里斯蒂（Arthur E. Christy）编辑的《亚洲遗产和美国生活》（*The Asian Legacy and American Life*，约翰戴出版社，1943 和 1945 年出版）进行比较。二者共同构成了一种丰富且令人信服的提示，提醒人们远东对文明的贡献。

这些文章原本仅含对张博士七十寿诞的致敬，并不追求成为中国文化或历史的完整总结。然而，作者为胡适、霍金、胡美、卜凯、恒慕义诸贤，字里行间具有浸满同情之洞见，而在理解事实和阐释之间，也平衡得当。最后一篇文章，霍金博士的《新旧道德哲学》，是对中国四十个世纪以来哲学的

---

① 译者注：奥利弗，美国作家。他生于 1909 年，从威斯康星大学获得博士学位，后担任宾夕法尼亚大学教授，并成为韩国时任总统李承晚的顾问。他在修辞传播学、跨文化交流、亚洲历史方面著述颇丰，如《文化与传播》《古代印度与中国的交流与文化》等。

② 译者注：《世界事务》创刊于 1837 年，由美国政策研究组织主办。该期刊致力于研究美国外交政策背后的重要思想，在国际政治关系领域具有广泛影响力。

深刻总结。

该书同《亚洲遗产和美国生活》一起构成了对远东文明之精髓有益且具启发性的介绍。

# 五

作者：盖乐（Esson M. Gale）[①]

出处：《远东季刊》[②]，1949 年 5 月。〔*The Far Eastern Quarterly*, Vol. 8, No. 3 (May, 1949), pp. 379-384〕

《别有中华》是为了庆贺中国杰出的张伯苓先生的七十寿诞而作，他是著名的南开系列学校的创始人。书中的纪念文章由他的钦慕者——几位外交官、教育家和经济学家，一位农学家、一位医生和一位哲学家撰写。精通教育问题的司徒雷登和胡适两位大使撰写了速写式的传记性文章。文集的其他作者并未直接论及他们赞颂的主人翁，而是提供了一种看待中国的视角，即通过张博士所活跃的时期，来理解当下中国令人不安的局面。此前还未有如此真实的关于中国的专题

---

① 译者注：盖乐（1884—1964），美国外交官、学者，1908 年来华，先后在美国驻华使馆、中国盐务管理署任职。1927 年回国后先在密歇根大学开远东历史讲座，后在加州大学主持东方语言学院。1932 年、1942 年又两度来华。著有《盐铁论——古代中国一场有关国家控制工商业的辩论》《中国文化基础》《中国的盐务——1908—1945 年我在中国的履历》等。

② 译者注：《远东季刊》由费正清于 1941 年 11 月创刊并首次发行，1956 年更名为《亚洲研究杂志》。

研讨出现过。

这是一本这样的纪念文集，它要献给的对象，如同"万世师表"，却谦逊地否认自己比在中国延续不断的历史进程中出现的所有普通人有任何更高明之处。中国知识分子的本质特征在恒慕义博士研究 18 世纪的崔述所写的《一位学者的肖像》及胡适撰写的对于当代学者的素描《张伯苓：一代师表》中得以体现。其他几篇关于中国过往悠久文化和迫在眉睫的危机的文章则强调了一些根本价值，这些价值在当今充斥着失望和蔑视情绪的时代往往被忽视。一个人的品质能够唤起另一个世界里十数知识分子的致敬，这可以看作是对他所来自的民族的真诚敬意。在对这片土地上的历史、政治、外交关系、经济、农业、医学和哲学所进行的博古通今的分析中，这位伟大的教育家可作为代表，反映出中国过去取得的成就和当下面临的需求。《新旧道德哲学》是为这本文集做结的典范之作，由霍金教授写就。我们中的一些人可以由此书重拾与张伯苓所生活的这段时期同步的关于中国的个人回忆，关于她整体上的进步和暂时性的衰退。

# 六

作者：阿瑟·泰伊（Arthur Tye）①

———————

① 译者注：不详。

出处：《*教育研究公报*》[①]，1949 年 12 月。〔*Educational Research Bulletin*, Vol. 28, No. 9 (Dec. 7, 1949), pp. 241-242〕

对于我们中那些因正在忍受过量有关中国的报道头条而感到痛苦的人来说，这本小集子能够带来一种有益而富有启发性的慰藉。这本书由纪念张伯苓七十寿诞的论述文和论文组成。张伯苓是南开大学的创始人和管理者，这所学校是中国顶尖的现代大学之一。除了胡适，其余撰稿人都是美国杰出的教育家，在他们各自的领域被公认为权威专家。尤为值得一提的是，该书开篇的两篇文章分别出自两位为各自祖国担任过大使的卓越教育家，他们是燕京大学校长、美国驻华大使司徒雷登以及北京大学校长、前任中国驻美大使胡适。随后各篇通过探讨中华民国在国际关系、农业、经济等发面的发展状况，在经济学、医学、科学领域的教育状况及道德哲学等内容，广泛而敏锐地囊括了 20 世纪中国历史的多个不同方面。

就好像即便是一棵树上的果实，味道和优质程度也有不同；无论哪本文集，其中的文章一般都必有不等的价值。但这次，不同的作者都保持了令人印象深刻的高水准。同时，对视角和篇幅的把握有一种恰如其分的平衡感，如同泰然自

---

① 译者注：《教育研究公报》，创刊于 1922 年，由俄亥俄州立大学教育学院创办。1962 年改名为《从理论到实践》（*Theory into Practice*），刊载文章涵盖教育学各个层面和领域，是世界教育领域颇具影响的学术刊物之一。

若的长城一般，作为支柱贯穿全书。也许这是因为他们都像崔述（参见相关文章）和张校长一样，均在那里度过了一段时间："那里阳光明媚，空气异常澄澈，人们视野宏阔——这不仅仅指宏阔的视野，同时也指其广博的智慧。"（原版第131页①）

　　如果必须在这些我们称之为论文的文章中挑选一些来赞扬，那么，约翰·奥尔查德和他的妻子多萝西·奥尔查德撰写的《转型中的经济》（原版第74—98页），作为一篇对于中国根本性问题透彻而清晰的阐述文章，可谓是杰作。同时，卜凯关于中国农业的论述仅用八页的篇幅（原文第108—115页②）就比他的前妻③用八本小说还要多地展示了这片美好的土地。而在我们称之为论述文的文章中，恒慕义的《一位学者的肖像》（原版第131—150页④）是一项关于18世纪一位勇敢的历史学家——崔述极富洞察力的研究。该文指出，中国历史上大无畏的质疑精神比一般所认识到的更为常见，崔述便是其中一位。他曾大声疾呼："乃学者但见其说如是，不知其所由误，遂谓其事固然而不敢少异，良可叹也！"（原版第141页⑤），同时他始终不忘孟子所说的"尽信《书》，则不

---

①　译者注：见本书第185页。
②　译者注：见本书第145—158页。
③　译者注：指著名作家赛珍珠。
④　译者注：见本书第183—210页。
⑤　译者注：见本书第198页。

如无《书》"。不过，奠定全书基石的文章当属霍金的《新旧道德哲学》（原版第 151—176 页①）。尽管他背离了职业哲学家们关注的一些领域，但是霍金先生展示了对中国思想及其哲学遗产深厚而敏锐的理解。他引用了朱熹（卒于 1200 年）的名言"即凡天下之物，莫不因其已知之理而益穷之，以求致乎其极"，并且指出这可能引领了中国科学方法早期的发展，不过对于儒家精神来说，即使是探索外在知识也要把自我掌控作为目标。他赞同这样的观点："如果要在发展内外力量之间做出选择，中国人的偏好——也就是基督教所主张的偏好——并不是错误的。"（原版第 164 页②）尽管如此，他清楚地意识到，现代中国必须面对务实的科学现实。他通过观察认为："中国人的思想在寻求智慧方面并没有本能的盲目性和排他性：它是实验性的和附加的；它不假定世界观必须具有竞争性和不一致性。"（原版第 161 页③）同时，也确信"今日的中国可能是完全自我尊重的、完全现实的、完全实用的，但仍然与其拥有大量道德发现的昨日保持联系。"（原版第 165 页④）

　　面对如此多的杰出贡献，也许这样的抱怨显得太不宽厚。

---

　　① 译者注：见本书第 211—246 页。
　　② 译者注：见本书第 231 页。
　　③ 译者注：见本书第 226 页。
　　④ 译者注：见本书第 231 页。

但稍显遗憾的是，文章的写作，虽足以胜任，却难以与卓越的内容相媲美。此外，书中对文学和艺术完全没有论述也让人些许感到困惑。不过，从相反的角度来看，更看重形式而非内容，偏爱纯文学而非科学文章，也时常被视为一个典型的中国式缺憾。作者们显然是想要描述中国无数面中的一面，并且成功地表明，教育家的中国比政客的中国更有深度、更加坚实。欲做政治家必先做已受教养之士，所有认同这一信条的优秀中国人，都会衷心地赞许中国在这方面的成就。

## 七

作者：豪厄尔（E. B. Howell）①

出处：《英国和爱尔兰皇家亚洲学会会刊》②，1949 年 4 月。〔*The Journal of the Royal Asiatic Society of Great Britain and Ireland*, No. 1 (Apr., 1949), pp. 92-93.〕

这是一本为了纪念天津南开大学创始人张伯苓先生七十寿诞而编的文集，写作于两年前。书中诸篇文章涉及关于中

① 译者注：豪厄尔，英国学者，译者。1899 年来华，曾任职于中国海关总税务司。参与编译《今古奇观》等著作。

② 译者注：《皇家亚洲学会会刊》创刊于 1824 年，由英国的东方学术重镇"皇家亚洲学会"主办。自创刊始就提供着高质量的亚洲研究文章。英文原称，1824—1834 年为 *Transactions of the Royal Asiatic Society of Great Britain and Ireland*，1834—1990 年为 *The Journal of the Royal Asiatic Society of Great Britain and Ireland*，1991 年后改为 *Journal of the Royal Asiatic Society*。

国历史、文化的各种因素，由一位中国作者和十一位美国作者写就，具有各自不同的价值与适用性。胡适写作的部分对张伯苓本人做了非常有趣的描绘，其他人论述的主题则非常多样，以至于简短的介绍无法给出恰切的评价。

（书评一至四由陈希翻译，五至七由米丁一翻译）

# 张彭春：《别有中华》的幕后主持人和实际编辑者

　　为贺南开大学百年校庆，受编辑部之邀，为《别有中华》中文版撰写此文。我本人近年来一直从事对张彭春的研究，并出版有中英文两部著作（《张彭春：世界人权体系的重要设计师》①与《历史性共同标准的达成：张彭春与世界人权宣言》②）。根据我本人的了解，张彭春在《别有中华》一书的组稿、编辑和出版过程中花费了不少心血。他可以称得上是《别有中华》的幕后主持人和实际编辑者。

　　张彭春（Peng-Chun Chang, or P. C. Chang, 1892—1957），名彭春，字仲述，曾用名"蓬春"，曾用笔名"皮西"，1892年4月22日出生于天津，世界著名的教育家、哲学家、戏剧

---

①　孙平华：《张彭春：世界人权体系的重要设计师》，社会科学文献出版社，2017年版。

②　Sun, Pinghua. 2018. *Historic Achievement of a Common Standard: Pengchun Chang and the Universal Declaration of Human Rights*. Singapore: Springer.

家、外交家、人权活动家和中华文化的传播者，《世界人权宣言》的主要起草人之一，国际人权教育的先驱。

张彭春是哥伦比亚大学著名教授杜威的得意门生，是南开大学的计划人、清华大学的功臣。他曾任教于南开大学、清华大学、芝加哥大学、芝加哥艺术学院、夏威夷大学、哥伦比亚大学等。他同时又是著名的戏剧教育家和导演，培养了曹禺等著名剧作家。他所主编的剧本《新村正》被戏剧史家认为是"中国戏剧现代化的标志性的著作"①。他本人则被誉为"我国北方话剧发展的奠基人之一"② "20 世纪上半叶中国戏剧现代化的引领者与国际化的推介者"③ "中国导演制的开创者"④。张彭春还是卓越的外交家，曾任土耳其和智利特命全权公使。1945 年春夏之交，联合国制宪大会在旧金山召开，张彭春受邀参加本次盛会。1946 年 1 月 10 日至 2 月 14 日，联合国大会第一次会议在伦敦召开，张彭春作为中国四位正式代表之一出席会议⑤。大会期间其被任命为联合国

① 崔国良：编后记，载于崔国良、崔红编《张彭春论教育与戏剧艺术》，南开大学出版社，2004 年版，第 712 页。

② 黄殿祺：《曹禺的恩师张彭春》，《中国戏剧》1991 年第 9 期。又见黄殿祺，曹禺的恩师张彭春，载于黄殿祺主编《话剧在北方奠基人之一——张彭春》，中国戏剧出版社，2007 年版，第 220 页。

③ 崔国良：《张彭春：中国戏剧现代化的引领者与国际化的推介者》，《戏剧艺术》2015 年第 3 期。

④ 同上。

⑤ 另外三位正式代表是中华民国驻英国大使顾维钧、驻苏联大使傅秉常和外交家钱泰。

经济及社会理事会常任代表（1946—1952）。1947—1948 年张彭春担任联合国人权委员会副主席，为《世界人权宣言》的起草做出了卓越的贡献。1952 年从联合国退休。1957 年 7 月 19 日，由于心脏病突发，张彭春在美国新泽西州逝世，享年 65 岁。

张彭春一生有很多可圈可点的成就，尤其是他参与起草的《世界人权宣言》，成为世界各国和各族人民努力实现的共同目标。他几乎对每一个条文都有自己独特的贡献，整个起草过程被哈佛大学格伦登教授形象地比喻成"领航浅滩"（Navigate the shoals）①。又如联合国秘书处首任人权司司长加拿大的汉弗莱教授所评价的那样："在才智方面的声望上，他远远高于委员会中其他任何一个成员。"②他立足于东方哲学，尤其擅长援引儒家思想，以至于随时引用儒家经典名言成为他演讲艺术的一部分。他的人权哲学思想在多年的实践中孕育成熟，包含有丰富的内容。他成功地将中国传统文化中的儒家思想融入《世界人权宣言》,并以哲学家的思维高度，明确提出了整体方案和人权的基本原则，奠定了国际人权项目的思想基础。从某种意义上说，他的贡献就是中华文明、

---

① Glendon, M. A. *A world made new: Eleanor Roosevelt and the Universal Declaration of Human Rights.* New York: Random House. 2001. P.143.

② 原文为 "In intellectual stature, he towers over any other member of the committee."

民族智慧和优秀传统文化所做出的杰出贡献。

张彭春主持《别有中华》的组稿、审稿、编辑和出版的过程，正好是他在联合国人权委员会担任副主席起草《世界人权宣言》的时候。张彭春作为中外文化的使者，一直主张将中国的历史成就、文化思想介绍给西方世界。早在 1933 年，他在美国夏威夷大学执教时，就应邀为美国当地教育局编写了一本高中教材，名为《中国：何去，何从？》(*China: Whence and Whither*)，于 1934 年在美国出版。1936 年，他赴英在剑桥大学交流讲学时又将该教材进行了修订和完善，在英国出版了《中国在十字路口》(*China at the Crossroads*)一书。该书不仅介绍了中国的历史成就、传统文化和哲学思想，还表达了对中国过去、现在和未来命运的凝重思考，同时表达了无限的爱国情怀。这是他一贯注重在海外介绍中国历史、传播中国思想、发出中国声音的见证。

而《别有中华》策划之时，正值张伯苓先生 1946 年春赴美治病休养期间。该年秋天，张彭春在纽约召集旅美南开校友举办校庆纪念活动，在纪念活动期间，计划出版《别有中华》一书。书脊上的"公能"二字，既体现了该书的主题，又与南开精神紧密相连。同时，本文集中胡适先生的文章提到了张彭春引进西方剧本在国内演出的情况。由此看来，张彭春在东西方文化之间成功架起了一座桥梁，成为东西方世界之间的文化使者。

　　张彭春在《别有中华》一书的组稿、编辑和出版过程中，很好地发挥了他作为东西方文化桥梁的作用，因为在与西方学界的沟通和交流中，他试图督促西方学者对当时中国的政治、历史、文化和教育等做出研究和评价。而西方的研究和评价，也便于国际社会更好地了解中国。《别有中华》从策划到出版，大致经历了两年的时间，这期间无论在与作者的沟通、交流方面，还是在文稿的审稿、编辑方面，张彭春先生都为中华文化走出去做出了积极的努力。

写于 2018 年末

（本文作者系中国政法大学教授，人权研究专家。）

# 译者简介

（按本书文章顺序）

**张昊苏**　南开大学文学院编辑出版学专业 2009 级校友，现为南开大学文学院中国古代文学专业博士研究生。

**陈　熹**　南开大学环境科学学院环境科学专业 2009 级校友，现为美国哥伦比亚大学工程学院博士研究生，纽约南开校友会副会长。

**安　梁**　南开大学历史学院世界史专业 2009 级校友，南开大学拉丁美洲研究中心硕士，现为网易历史频道编辑。

**郭宇昕**　南开大学历史学院历史学专业 2009 级校友，中国人民大学清史所博士研究生，现由国家公派赴美国斯坦福大学东亚研究中心联合培养。

**李一萱**　南开大学外国语学院英语专业 2009 级校友，美国哥伦比亚大学师范学院国际教育发展专业硕士，现供职于纽约联合国总部。

**孙丹锦**　南开大学哲学院哲学专业 2009 级校友，美国东北大学计算机科学硕士，现居波士顿从事软件工程工作。

**陈　希**　南开大学历史学院历史学专业 2011 级校友，现为北京大学历史学系博士研究生。

**米丁一**　南开大学历史学院历史学专业 2012 级校友，现为北京大学历史学系硕士研究生。

# 译者后记

西元二千又十一年。渤海之滨白河之津。岁在辛卯，南开故校长张伯苓逝世六十周年。

沈阳陈熹负笈南开二载，时时讲求伯苓逸事，太息之，因仿龙门书，撰万言《张伯苓传》，公诸校内，人人可见。

济南张昊苏亦在南开，常徘徊新开湖畔，讽诵校钟铭文，既读《张伯苓传》而大奇之，投书论学，一见如故。

此后，疑义相析，相互质定。谭子书，考校史，衡艺文，讲心事，而皆以时代问题为归。因订交于第二食堂之二楼，名"大学之道"者，乃取义"新民"，相砥砺。故《别有中华》之初刻，亦署"南开大学新民学会"。论学每言"南开先生"中多卓荦之士，潜德不彰，太息久之。

二千又十三年，夏，六月。陈熹既卒业，渡海负笈美洲，以求格致道术。张昊苏仍在南开，辨章旧籍为业。及别，犹剧谈文献流略。岁余，陈熹访求前哲遗书，得《别有中华》，即重译司徒雷登《序言》。摩挲数载，修治《张伯苓传》数过，愈精审。

时张昊苏初窥南开师法，治乾嘉文学思想，殊茫昧，困顿久之，暇时辄征耆献箴言自励，遂与陈熹同考《别有中华》之本末始终。时二千又十七年初也。以周余成万言，居然入选"北京大学史学论坛"。

文学院陈洪先生，张昊苏授业师也，闻而奖掖之，曰：遗文坠绪不可失。又曰，"世界一流"，由此可觇。文学院王之江先生语昊苏曰：久有意于此书，惜未之见。张昊苏面聆诸先生言，恐道术失坠，而故校长之德行功业，益为天下所忽。乃与陈熹言，有意译此书。又以二人才学局促，思虑不周，或玷枣梨，乃谋约请多士，同操译笔。未半月乃集八友，所业不一，然好义急公，实南开青年之特出者。闻有是书，皆慨然诺。

稿未就，卞清波先生过纽约，与陈熹谈，闻有《别有中华》之稿，教益甚多。

越半年，维丁酉戊戌之交，稿成，献于魏阙。或云可刊，或云不足刊。惴惴者数月。众乃相谋曰，吾侪爱校之心，固不敢求人知，然故校长之精神，实有垂诸天壤而不朽者，乌可忽。乃欲自印行世，以就正于方家。力不能副，张昊苏复倩挚友唐子明山代治缥缃，唐子又延马艳超先生监制梨枣。

斯时也，张伯苓研究会秘书长董润平先生来电，剧谈《别有中华》译稿事，并慨然助金，以广其传。

于是印五十册。跋曰：

右《别有中华》十二篇，并书评七篇，凡十一万言。

故南开校长张公伯苓七十寿时，美国士绅名流，编此集祝寿，以示致意。旧译《另一个中国》，苏与南开青年同人重译，定名《别有中华》。时神州板荡，道术先裂，而公以"土货"救世，声誉隆于泰西，其高为弥不可及。是集除推许公半纪之道德功业外，亦颇述斯时中国情状，是不仅有裨考据，亦吾国革新之简编云尔。

公缔造南开，倡导奥运，苏自舞象之龄熟闻之矣。及负笈北上，九载于今，乃渐渐知其生平。每读其言，辄惕厉奋发，想见其人。辛卯夏，沈阳陈熹撰《张伯苓传》万余言，风行校内，苏亦读之，其体近迁史，论宗韩文，气魄正大，备见公之精神，堪为南开文章冠冕。乃投书论学，复知天才卓荦，不仅乎文。议论别开时调，演剧载诸菲林，公昔年之教，不意陈生一人兼之。因订交"大学之道"，并取校训"日新月异"之义，以"新民"相砥砺。

苏等深慕前修学行，尝谋撰《南开先生》，以发其幽光潜德。唯以才质菲薄，久焉未作。复以遗文耆献，或流域外，莫由征考，每叹息。

越明年，陈熹渡泰西求格致之术，兼治名学，皆有成。苏则仍居南开，狂胪文献，硁硁然抱残守缺，至今又五载矣。然天涯肝胆，皆以箴、训为念，未尝稍息。熹于美国购求前哲遗书，终得《别有中华》，摩挲久之。因相与谋曰："是未可使湮灭。"遂共考其本末，究其作者，发其微义，复纠合南开新知旧友，志气忠亮而能文章者八人，同操译事，越半载而成帙，兹定于公百四十二年华诞，以初稿呈雅正，告前哲。张伯苓研究会慨然助金，马兄艳超、唐兄明山，代付剞劂，其情拳拳可感。

业师陈先生洪，不以修业荒疏相责，每谓青年当以道自任，愍苏等之志，谬加奖掖。学上得中，小叩大鸣，至今思之，感愧相并。王师之江、马师瑞洁，亦多教诲。卞学长清波，偶过纽约，闻陈熹述《别有中华》事，慨然以道义交。师友风烈，尚有不及尽书者，足知公煦育多士之泽，至今不朽也。

同操译事者，孙丹锦，安梁，郭宇昕，李一萱，陈希，米丁一。

四月五日，公诸同好，时伯苓公百四十二年诞辰也。而鲁鱼杂陈，校理者再。

又三月，南开大学出版社有选题之举。经多方斡旋，决定以精装印刷，以为校庆献礼。而犹苦无剞劂之资。陈洪先生闻之，数语张昊苏曰，可以私人身份捐款，且不居功。昊苏不敢受。

南开大学原校长龚克先生过纽约，闻陈熹等译此书，慨然赐序，以张其帜，并亲校译文之讹，又代为谋款，译者深感之。张元龙先生，特撰跋语。朱光磊先生相助折冲，全帙斯存。承蒙刘景泉先生支持，本书作为百年校庆重点图书之一，列入"南开大学校史丛书"，意义与价值更得彰显。王之江先生、卞清波先生屡授以编校之术，胡海龙先生详校讹谬，梁吉生先生惠赐资料，董润平先生监制始终。张健先生提出诸多中肯意见，南开大学出版社编辑刘洁欢、田睿、莫建来老师分任三审，恪尽职责；刘运峰总编辑统揽全局。师长、校友施臂助者尚殊多，难尽记。

二千又十九年，岁次己亥，《别有中华》终付剞劂。是上距《别有中华》之译，凡二年，上距陈熹、张昊苏等负笈南开，凡十年；而上距南开大学之始设，凡一百年。

这是本书译者结缘的开始。这是本书印成铅字的经过。

本书虽名"献礼"，但其实也是"为己之学"。不过这是私人之译书，而非私有之事业；经历过小公之进退，乃衬托出大公之劲节。我们在翻译过程中所得到的师友襄助，多数具有古风。因此，我们想用这种稍近古文而又带些许传奇性的笔法，以示庄重。

翻译一书并非什么罕见的奇事，推许一书的价值也难免

会自带滤镜而不尽客观。但这同时也是一批青年南开人克服
诸多客观困难，致敬前辈教育家的思想人生之旅。我们力求
令每一个字中肯严谨，同时饱含感情。但愿，能借助这种不
寻常的笔法，记录这段不寻常的经历。

于己亥岁初

# 跋

张元龙

　　这本书的刊行是在七十年前。同样在那一年，即 1948 年 12 月 10 日，联合国大会颁布了《世界人权宣言》。作为中国代表参与联合国《世界人权宣言》起草的张彭春，便是这本书的实际策划者和编辑者。

　　张彭春是伯苓先生的胞弟，1904 年入天津南开中学，1916 年留学回国，回南开任教，协助兄长发展南开教育事业。1946 年 10 月 17 日，张彭春在美国纽约主持召开了旅美南开校友校庆纪念会。会上，张彭春提出为伯苓先生编辑出版英文版纪念论文集。两个月后，即 12 月 11 日，张彭春即进入纽约法拉盛草地联合国总部参加联合国人权委员会会议。随后在第一次辩论会上，张彭春提出，人权宣言应该更多地体现"全球共识"的人权理念，并主张宣言应融合中国的儒家思想与学说。

　　一本向伯苓先生以及南开和中国致敬的书与一部融入中

华民族传统文化精髓的宣言，显示出伯苓先生以及南开和中国对世界有着怎样的深远影响。

南开的这种影响，不只在七十年前，更可以追溯到一百多年前。

在收入本书的论文《科学教育诸方面》中，作者顾临写道："早在 1912 年，彼时刚刚退休的哈佛大学前校长查尔斯·艾略特在天津度过了几个星期，深受南开学校及其校长张伯苓博士的影响。"对此，南开中学 1928 级校友、美国艺术及科学院院士何炳棣则说，艾略特"博士参观南开中学时，对张氏的办学精神及已有的成果做出高度的赞扬，以致南开的声名不久就远播大洋彼岸，引起美国教育界、教会以及洛氏基金团等的注意。"

无疑，当时伯苓先生创办的南开学校是比现时任何一所国际学校更具国际视野、世界观念的学校。

1916 年 12 月，伯苓先生在接受美国人多尔蒂访问时说："中国必须要和整个世界联系在一起。要赶上现代化国家，否则就会被别人踩在脚下，任人宰割。"

1929 年 2 月，伯苓先生在美国纽约接受了弗兰克·B·楞次的访问，其后，弗兰克发表了《张伯苓之人格魅力》一文，文中记述了伯苓先生这样的话："我既不希望我们的年轻人自私自利，也不希望我们的国家被狭隘的民族主义驱使。我不相信孤立，中国处在国际大家庭中，不久必将对现代文明做出自己的贡献。"

据《南开周刊》记载，1928 年 2 月 17 日，本书论者之
一、美国加州大学伯克利分校经济学教授康德利夫到南开大
学参观，深为南开精神所感动，捐款八千元，并对伯苓先生
说："我要写一些你不便宣扬的东西。"我们不知道，收入本
书的《南开经济研究所》一文是否就是他所说的那"东西"，
但我们相信，在之后的二十年间，他所写的关于南开的文字
真的是"一些"而不是一篇。

1946 年 6 月 4 日，哥伦比亚大学授予伯苓先生名誉博士
学位。哥伦比亚大学代校长费肯藻教授在赞词中说："张伯苓
为教育家，南开大学的创始人和校长，是全球公认造育人类
的领导者，五十年来以无比信心和毅力献身于教育，以使中
国新生，成为中国人自信的象征。"实际上，这个世界性的荣
誉以及赞誉也是编辑这本书的一个根据。

读了这本书，使我们更加坚信，南开是中国第一个提出
"知中国，服务中国"理念的学校，南开也是中国第一个做到
"知世界，影响世界"的学校。这本书，给了我们另一个角度
去重新发现南开，发现中国，发现世界。

七十年后的今天，中国以世界第二大经济体并不断提升
的综合国力成了那只"躲在树后的大象"，这一切均缘于中国
与世界的相互开放与融合。历史证明，只有走与世界融合的

道路，中国才有希望。站在行驶于历史三峡的航船上，仔细观察那一朵朵惊艳的浪花，在感叹人类社会进步潮流汹涌之时，不由得向那些百年来积极让中国了解世界思潮、让世界了解中国智慧、最终让中国贡献和影响世界的先贤们致敬。

写于 2019 年初春

（本文作者系张伯苓先生嫡孙，张伯苓研究会顾问。历任全国政协常委、全国工商联副主席、天津市人大常委会副主任等职。）